中学入試

分野別

集中レッスン

海老原成彦［編著］

文英堂

はじめに

「まったくの初歩から、難関中学に合格できるレベルにまで到達するために必要なことのうち、もっとも大切なことをできるかぎり短時間で身につける。」

これが本書の目的です。国語がのびなやんでいる人、国語の上手な勉強方法がわからない人、そしてこれから受験勉強を始めようとしている人、それぞれの人たちにとって、大切なことだけをムダなくトレーニングできるようになっています。

人間の脳は、単純に暗記した知識や解き方よりも、自分で考え、そして気づいたことの方を結果としてよく記憶しているものです。そのため本書も、さまざまな形式の設問を解くことを通して、知識や解き方が身につくように構成されています。

漢字や文法に関する知識分野の勉強は非効率になりがちですので、出題頻度に応じてしぼりこむ必要があります。本書は、多くの中学受験生がまちがえやすい漢字だけに的をしぼり、単純な暗記にとどめない「考えて身につける漢字学習」を実践できるように構成されています。また文法についても、入試問題で頻出の単元に重点を置いているのはもちろんのこと、できるだけ抽象的な用語を使わないようにし、小学生にとって身近なことばの用法から体系的な文法の知識へとレベルアップしていくことで理解が深まるよう配慮しています。

本書が、みなさんが夢をかなえるための一助となることを願ってやみません。

編著者

この本の特色と使い方

『中学入試　分野別集中レッスン　国語』シリーズは、中学入試の国語で必要とされる四つの力（読解力、漢字・文法力、語彙力、記述力）を、それぞれ、短期間でレベルアップさせることを目的に作られました。

1. ていねいな解説と「やってみよう」で、漢字・文法分野のかんどころが身につく

「ステップ1」「ステップ2」と段階をふんで、わかりやすく解説し、最後に「ポイント」として、大事なことをまとめています。取り上げているのは、どれも中学入試でねらわれやすい内容ばかりです。まずは、どんなところが急所で、どう勉強していけばいいのか、理解しましょう。

2. 工夫された「練習問題」「仕上げの問題」

「練習問題」「仕上げの問題」では、やみくもに知識を問うのではなく、基礎となる考え方・解き方を確かめながら、より実戦的な問題へと進んでいきます。実際の入試での出題にどう対応するか、出題のねらいにうまく応えられるようになれるかという観点で作られた問題なので、直前対策としても役立ちます。

3. 精選された「入試問題にチャレンジ」

各章最後の「入試問題にチャレンジ」は、むやみに難しい問題ではなく、この本を選んでくれる人は、今どんなレベルで、どんな力をつければ合格圏内に近づけるかを考えぬいて選ばれた良問ばかりです。

もくじ

1章 漢字

2章 文法

1章 漢字

1 訓読みが同じ漢字の使い分け

ステップ1

同じ訓読みでも、意味のちがいを異なる漢字で書き分けることばがある。

漢字が中国から日本に伝えられる中で、漢字の意味にあたる日本語をあてはめた読み方が訓読みです。日本語では一つのことばで言い表していたことがらを、意味のちがいによって別々の漢字をあてはめることもありました。このため、同じ訓読みなのに異なる漢字(同訓異字)で書き分けなければいけないことばができました。

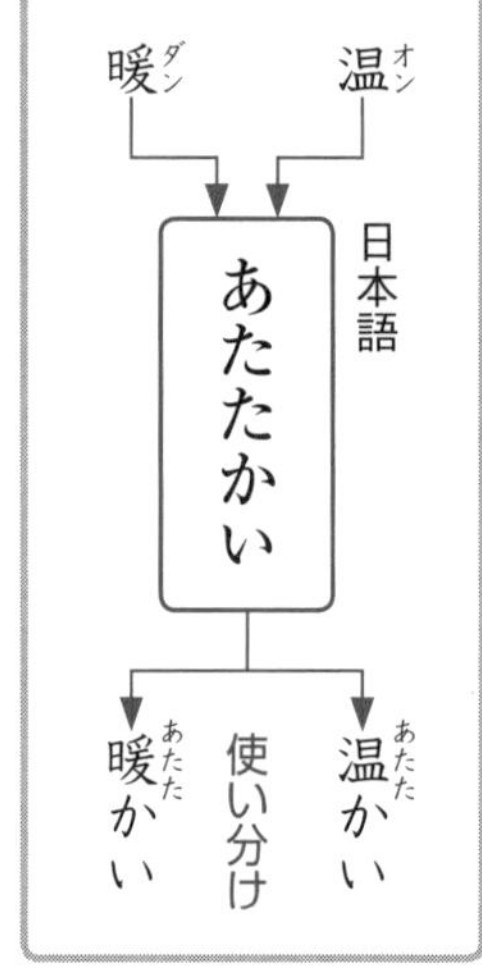

ステップ2

その漢字を使った熟語を考えてみよう。

漢字を覚えるときは、形や読みだけでなく、意味もしっかり覚える

やってみよう 1

おもな同訓異字です。うすい字をなぞって、〔　〕にまねて書き、読みと形を覚えよう。

[あける]
開ける〔　〕　空ける〔　〕
明ける〔　〕

[あたたかい]
温かい〔　〕　暖かい〔　〕

[あつい]
熱い〔　〕　暑い〔　〕
厚い〔　〕

[あらわす]
表す〔　〕　現す〔　〕
著す〔　〕

[いたむ]
痛む〔　〕　傷む〔　〕

必要があります。とくに、同訓異字は、形・読みを覚えるだけでは、使い分けることができません。訓読みの漢字の問題が出たら、その字を使った熟語を考え、さらにその熟語がどういう意味で使われるのかを考えるとよいでしょう。それがわかれば、訓読みの漢字の持つ意味がつかみやすくなるからです。

・三月になってあたたかくなった。
（寒暖・暖房・暖流……）

・あたたかいスープを飲む。
（温水・温泉・高温……）

ポイント1

訓読みの漢字の書き取りは熟語を思いうかべて意味を確かめる。

一つ一つの漢字の形や読みを覚えるだけでもたいへんですが、同時に、できるだけその漢字を使った熟語も学んでいきましょう。漢字の学習は、字の形を覚えて、書き取りできることが最終目的ではありません。文章の読み・書きで自由に使える漢字を増やし、意味によって使い分けられるようになりましょう。

やってみよう 1

［うつす］
移す（　　）　写す（　　）
映す（　　）

［おさめる］
収める（　　）　納める（　　）
修める（　　）　治める（　　）

［きく］
聞く（　　）　効く（　　）

［たつ］
断つ（　　）　絶つ（　　）

［つとめる］
勤める（　　）　務める（　　）
努める（　　）

［のぞむ］
望む（　　）　臨む（　　）

［はかる］
計る（　　）　量る（　　）
測る（　　）　図る（　　）

♫ 習っていない字もこの機会にまとめて覚えてしまおう。

練習問題　訓読みが同じ漢字の使い分け

＊うすい字をなぞって確認してから、「準備練習」「問題」に取り組もう。

答え➡別冊2ページ

1　のぞむ〔望む・臨む〕

準備練習　次の――線部の漢字の意味としてふさわしいものを、［意味のグループ］から選び、記号で答えなさい。

1 望遠鏡を買ってもらう。
2 臨海工業地帯が発達する。
3 待望の赤ちゃんが生まれた。
4 大画面テレビは臨場感がある。

［意味のグループ］
ア 直面する　イ 遠くから見る
ウ そうなってほしいと思う　エ その場に出会う

1	2	3	4

問題　次の――線部のカタカナを漢字で書きなさい。

1 湖にノゾむホテル。
2 自分がノゾんだ結果になった。
3 遠く富士山をノゾむ。
4 中学入学試験にノゾむ。

1	2
3	**4**

2　おさめる〔収める・納める・修める・治める〕

準備練習　次の――線部の漢字の意味としてふさわしいものを、［意味のグループ］から選び、記号で答えなさい。

1 今年は収入が増えた。
2 期日までに納品することができた。
3 授業をすべて受けて修了証書をもらった。
4 日本は法治国家だ。

［意味のグループ］
ア しずめる／統治する　イ お金や品物をわたす
ウ 学問や技能を身につける　エ 得る／中に入れる

1	2	3	4

問題　次の――線部のカタカナを漢字で書きなさい。

1 入学金をオサめる。
2 学業をオサめる。
3 成功をオサめる。
4 王が国をオサめる。

1	2
3	**4**

3 あつい〔熱い・暑い・厚い〕

準備練習 次の――線部の漢字の意味としてふさわしいものを、［意味のグループ］から選び、記号で答えなさい。

1 熱気球に乗ってみたい。
2 暑中見舞(みま)いが届(とど)いた。
3 ご厚意に感謝(かんしゃ)します。

［意味のグループ］
ア 気温が高い
イ はばが大きい／心がこもっている
ウ そのもの自体の温度が高い

1 　2 　3

問題 次の――線部のカタカナを漢字で書きなさい。

1 食器がアツいのでやけどに気をつけなさい。
2 寒くなってきたのでアツいコートを着る。
3 暖房(だんぼう)がききすぎて部屋の中がとてもアツい。
4 母はとても情(じょう)がアツい人です。

1 　2 　3 　4

4 つとめる〔勤める・務める・努める〕

準備練習 次の――線部の漢字の意味としてふさわしいものを、［意味のグループ］から選び、記号で答えなさい。

1 父の転勤が決まった。
2 高校から先は義務教育ではない。
3 もっと努力しなければ合格(ごうかく)できない。

［意味のグループ］
ア 役目を受け持つ
イ あたえられた仕事をする
ウ いっしょうけんめい心をつくす

1 　2 　3

問題 次の――線部のカタカナを漢字で書きなさい。

1 問題の解決(かいけつ)にツトめる。
2 役所にツトめる。
3 司会をツトめる。
4 勉学にツトめる。

1 　2 　3 　4

5 たつ〔断つ・絶つ〕

準備練習 次の——線部の漢字の意味としてふさわしいものを、［意味のグループ］から選び、記号で答えなさい。

1 断水が続いて生活に支障がでている。
2 オリンピック出場を断念した。
3 彼とは絶交しました。
4 絶望のあまり立っていられない。

［意味のグループ］
ア つづいているものごとを終わらせる
イ つづいているものごとをやめる／とぎれさせる

1	2	3	4

問題 次の——線部のカタカナを漢字で書きなさい。

1 探検家が消息をタつ。
2 酒をタつ覚悟を決めた。
3 敵の退路をタつ。
4 武士が自ら命をタつ。

1	2

3	4

6 はかる〔計る・量る・測る・図る〕

準備練習 次の——線部の漢字の意味としてふさわしいものを、［意味のグループ］から選び、記号で答えなさい。

1 計算問題は得意だ。
2 たくわえられる容量が増えた。
3 道具を使って標高を測定する。
4 相手の意図がわからない。

［意味のグループ］
ア 計画する／考えをめぐらせる
イ 長さや高さを調べる
ウ 重さやかさを調べる
エ 数をかぞえる／程度を調べる

1	2	3	4

問題 次の——線部のカタカナを漢字で書きなさい。

1 身長をハカる。
2 時間をハカる。
3 体重をハカる。
4 解決をハカる。

1	2

3	4

7 あらわす〔表す・現す・著す〕

準備練習 次の――線部の漢字の意味としてふさわしいものを、［意味のグループ］から選び、記号で答えなさい。

1 立候補を表明した。
2 大きなヒグマが出現した。
3 大好きな本の著者にサインをもらった。

［意味のグループ］
ア 書物を世に出す
イ 形のないものを見えるようにする／ことばにする
ウ 見えなかったものがすがたや形を見せる

1	2	3

問題 次の――線部のカタカナを漢字で書きなさい。

1 古典の現代語版をアラワす。
2 水平線から太陽がすがたをアラワす。
3 感謝の気持ちをアラワす。
4 出口をアラワす記号。

1	2
3	**4**

8 うつす〔移す・写す・映す〕

準備練習 次の――線部の漢字の意味としてふさわしいものを、［意味のグループ］から選び、記号で答えなさい。

1 みんなで協力してサッカーのゴールを移動させた。
2 満開の花を写生している。
3 国民の意見を反映させた政治。

［意味のグループ］
ア 文字や姿などをそのとおりに表す
イ 場所をかえる
ウ もののすがたや形を別のものに表す

1	2	3

問題 次の――線部のカタカナを漢字で書きなさい。

1 障子にかげをウツす。
2 ベッドを窓際にウツす。
3 黒板の字をウツす。
4 水面が真っ赤な夕日をウツす。

1	2
3	**4**

9 きく〔聞く・効く〕

準備練習 次の——線部の漢字の意味としてふさわしいものを、［意味のグループ］から選（えら）び、記号で答えなさい。

1 旅に出て見聞を広める。
2 温泉（おんせん）の効能を調べる。
3 伝聞の情報（じょうほう）をうのみにするな。
4 時間を有効に使う。

［意味のグループ］
ア ききめがある
イ 音や声を耳に入れる

1	2	3	4

問題 次の——線部のカタカナを漢字で書きなさい。

1 しかってもキきめがない。
2 鳥の鳴き声をキき分ける。
3 薬がよくキく。
4 悪いうわさをキく。

1	2

3	4

10 あける〔開ける・空ける・明ける〕

準備練習 次の——線部の漢字の意味としてふさわしいものを、［意味のグループ］から選び、記号で答えなさい。

1 校庭を開放する。
2 空席がないか調べる。
3 出発は明朝だ。

［意味のグループ］
ア 朝になる／ある期間が終わり、次の期間が始まる
イ からにする
ウ 閉（と）じていたものをひらく

1	2	3

問題 次の——線部のカタカナを漢字で書きなさい。

1 家をアける。
2 店をアける。
3 梅雨（つゆ）がアける。
4 時間をアける。

1	2

3	4

11 いたむ〔痛む・傷む〕

準備練習 次の——線部の漢字の意味としてふさわしいものを、［意味のグループ］から選び、記号で答えなさい。

1 被害者の悲痛な声を聞く。
2 傷物の果物を安く売る。
3 祖父は長年神経痛で苦しんでいる。
4 事故現場から負傷者が運び出された。

［意味のグループ］
ア いたみを感じる
イ きずつく／こわれる

1	2	3	4

問題 次の——線部のカタカナを漢字で書きなさい。

1 家がイタむ。
2 かぜでのどがイタむ。
3 心がイタむ。
4 食べ物がイタむ。

1	2
3	**4**

12 あたたかい〔温かい・暖かい〕

準備練習 次の——線部の漢字の意味としてふさわしいものを、［意味のグループ］から選び、記号で答えなさい。

1 温室で植物を育てる。
2 この冬は暖冬らしい。
3 彼の温厚な人がらに好感をもった。
4 暖流に乗ってカツオの群れがやってくる。

［意味のグループ］
ア 気温がほどよい状態
イ ものの温度がちょうどよい／思いやりがある

1	2	3	4

問題 次の——線部のカタカナを漢字で書きなさい。

1 アタタかいスープを飲む。
2 アタタかい日が続いた。
3 アタタかい家庭を作る。
4 アタタかい服を着る。

1	2
3	**4**

2 読みが同じで意味が異(こと)なる語の使い分け

ステップ1

音読みが同じでも、異(こと)なる漢字がある。

音読みとは、漢字の中国での発音をもとにした読み方です。漢字は中国から日本に伝(つた)わった文字なので、漢字を読むときは、中国語の発音に似(に)せた日本の音で読みました。それが、しだいに日本語となったのが音読みです。

漢字はたくさんあるので、**ちがう漢字で意味も異なるのに、同じ音読みをするものがたくさんあります。**たとえば、「キュウ」という音読みをする漢字には、「求」「究」「及」などがあります。

① 求…さがす・もとめる
② 究…しらべる
③ 及…動作や力がおよぶ

↓ やってみよう 1

ステップ2

音読みが同じでも漢字と意味の異(こと)なる熟語(じゅくご)を、同音異義語(どうおんいぎご)という。

やってみよう 1

次の各組の漢字は音読みが同じです。音読みをひらがなで答えよう。

① 称・照・象〔　　　〕
② 衛・永〔　　　〕
③ 障・証・償〔　　　〕
④ 清・精・成〔　　　〕
⑤ 解・開・快〔　　　〕
⑥ 制・勢〔　　　〕
⑦ 公・講・好〔　　　〕

答え ①＝しょう　②＝えい　③＝しょう　④＝せい
⑤＝かい　⑥＝せい　⑦＝こう

「求」「究」「及」の漢字を使った熟語には、次のようなものがあります。

① 追求…理想を追求する。（手をつくして手に入れようとする）
② 追究…真理を追究する。（どこまでもしらべようとする）
③ 追及…責任を追及する。（どこまでも追いつめる）

①・②・③の熟語はどれも同じ音読みですが、意味はみなちがいます。
このように、同じ音読みで意味の異なる語を、「**同音異義語**」といいます。同音異義語を使い分けるには、次の三つのやり方があります。

ポイント 2

① 訓読みを確かめる。

ツイキュウ
- ・理想を追求する。→ 訓読み「求める」
- ・真理を追究する。→ 訓読み「究める」
- ・責任を追及する。→ 訓読み「及ぶ」

② 文の意味をとらえて、別のことばにおきかえる。

カンシン
- ・サッカーに関心がある。→ 興味がある
- ・すばらしい演奏に感心する。→ 感動する

③ 前後にくることばから考える。

イガイ
- ・意外な結末。→ あとに「な」がくる
- ・月曜以外は営業します。→ 必ず前にことばがある

↓ やってみよう 2

やってみよう 2

次の①～③について、あとの問いに答えよう。

カイホウ
- ① 建物を開放する。
- ② 植民地の人びとを解放する。
- ③ 病気が快方に向かう。

1 ——線の次の漢字の訓読みを、ア～ウから選ぼう。

① 開　② 解　③ 快

ア とく　イ こころよい　ウ ひらく

①［　　］　②［　　］　③［　　］

2 ——線の熟語の意味を、ア～ウから選ぼう。

① 開放　② 解放　③ 快方

ア 心地よい　イ 閉じていたものをあける　ウ 自由にする

①［　　］　②［　　］　③［　　］

答え
1 ①＝ウ　②＝ア　③＝イ
2 ①＝イ　②＝ウ　③＝ア

①「開放する」＝（建物などを）利用できるようにする　②「解放する」＝自由に行動できるようにする　③「快方」＝病気やけがが治る方向に向かう。

練習問題　読みが同じで意味が異なる語の使い分け

1　ついきゅう〔追求・追究・追及〕

準備練習　次の——線部の漢字の意味としてふさわしいものを、［意味のグループ］から選び、記号で答えなさい。

1　求人広告を見る。
2　原因を究明する。
3　震災の影響が全国に波及した。

［意味のグループ］
ア　さがす／もとめる　イ　調べる　ウ　動作や力がとどく

1	2	3

問題　次の——線部のカタカナを漢字で書きなさい。

1　責任をツイキュウする。
2　理想をツイキュウする。
3　真相をツイキュウする。
4　宇宙の神秘をツイキュウする。

1	2
3	**4**

2　かんしん〔歓心・感心・関心〕

準備練習　次の——線部の漢字の意味としてふさわしいものを、［意味のグループ］から選び、記号で答えなさい。

1　会場はファンの大きな歓声でいっぱいになった。
2　物語の結末に感動した。
3　自分に関係がないことには興味が持てない。

［意味のグループ］
ア　心を動かされる　イ　つながる
ウ　よろこぶ／好ましい

1	2	3

問題　次の——線部のカタカナを漢字で書きなさい。

1　科学にカンシンを持つ。　2　カンシンな子ども。
3　みんなのカンシンを買おうと必死になる。
4　多くの人々のカンシンを集める。

1	2
3	**4**

答え➡別冊3ページ

3 たいしょう〔対象・対照〕

準備練習 次の――線部の漢字の意味としてふさわしいものを、［意味のグループ］から選び、記号で答えなさい。

1 ハトは平和の象徴だ。
2 身分証を調べて照合する。

［意味のグループ］
ア 形／目的
イ てらし合わせる

1	2

問題 次の――線部のカタカナを漢字で書きなさい。

1 小学生をタイショウとする本。
2 二人の意見をタイショウさせて考える。

1	2

4 えいせい〔衛生・衛星・永世〕

準備練習 次の――線部の漢字の意味としてふさわしいものを、［意味のグループ］から選び、記号で答えなさい。

1 首相を護衛する。
2 学校の守衛室。
3 外国に永住する。

［意味のグループ］
ア 時間が長い
イ 守る／まわりを回る

1	2	3

問題 次の――線部のカタカナを漢字で書きなさい。

1 エイセイ中継の放送。
2 エイセイ状態が悪い地域。
3 エイセイ中立国はいくつあるか。

1	2	3

5 ほしょう〔保障・保証〕

準備練習 次の——線部の漢字の意味としてふさわしいものを、〔意味のグループ〕から選び、記号で答えなさい。

1 障害物競走に出る。

2 証明書が必要だ。

〔意味のグループ〕

ア 明らかにする／まちがいないとうけあう

イ じゃまをする／不安や危険

問題 次の——線部のカタカナを漢字で書きなさい。

1 この店の味はホショウする。

2 人権をホショウする。

6 せいさん〔清算・成算・精算〕

準備練習 次の——線部の漢字の意味としてふさわしいものを、〔意味のグループ〕から選び、記号で答えなさい。

1 下書きを清書する。

2 努力して成功した。

3 内容をよく理解するために精読する。

〔意味のグループ〕

ア 仕上げる／なしとげる

イ きれいにする

ウ 細かい／くわしい

問題 次の——線部のカタカナを漢字で書きなさい。

1 この計画にはセイサンがある。

2 交通費をセイサンする。

3 悪いつきあいをセイサンした。

7 かいほう〔開放・解放・快方〕

準備練習 次の――線部の漢字の意味としてふさわしいものを、［意味のグループ］から選び、記号で答えなさい。

1 オリンピックの開会式。
2 アイドルグループが解散する。
3 病気が全快した。

［意味のグループ］
ア 心地よい／調子がよい
イ 自由にする／ばらばらにする
ウ 閉（と）じていたものをあける／始まる

1	2	3

問題 次の――線部のカタカナを漢字で書きなさい。

1 人質（ひとじち）は無事カイホウされた。
2 カイホウ的な空間。
3 祖父（そふ）の容態（ようだい）はカイホウに向かっている。

1	2	3

8 たいせい〔態勢・体制・体勢・大勢〕

準備練習 次の――線部の漢字の意味としてふさわしいものを、［意味のグループ］から選び、記号で答えなさい。

1 反対勢力が増（ふ）えてきた。
2 新しい学校制度が検討（けんとう）されている。
3 形勢が逆転（ぎゃくてん）し、同点に追いついた。

［意味のグループ］
ア 力／いきおい
イ しくみ
ウ ようす／位置

1	2	3

問題 次の――線部のカタカナを漢字で書きなさい。

1 独裁者（どくさいしゃ）が支配（しはい）するタイセイの国家。
2 選挙結果（せんきょけっか）のタイセイが判明（はんめい）した。
3 外国人観光客（かんこうきゃく）の受け入れタイセイを整える。
4 うつぶせのタイセイは疲（つか）れる。

1	2	3	4

9 こうえん〔公演・講演・好演〕

準備練習 次の――線部の漢字の意味としてふさわしいものを、［意味のグループ］から選び、記号で答えなさい。

1 情報を公開する。

2 夏期講習を受ける。

3 好調なすべり出しだ。

［意味のグループ］

ア よくわかるように説明する

イ うまくいっている

ウ 多くの人々や社会に向ける

1		2		3	

問題 次の――線部のカタカナを漢字で書きなさい。

1 環境問題についてのコウエン会に参加する。

2 世界的なピアニストの日本コウエンが決定した。

3 新人女優が難しい役をコウエンした。

1		2	
3			

10 しゅうしゅう〔収拾・収集〕

準備練習 次の――線部の漢字の意味としてふさわしいものを、［意味のグループ］から選び、記号で答えなさい。

1 駅の拾得物預かり所に行く。

2 団地の集会場で練習する。

［意味のグループ］

ア あつまる

イ ひろう／まとめる

1		2	

問題 次の――線部のカタカナを漢字で書きなさい。

1 情報をできるだけ多くシュウシュウした。

2 意見がばらばらでシュウシュウがつかない。

1		2	

11 きかい〔器械・機械・機会〕

準備練習 次の――線部の漢字の意味としてふさわしいものを、〔意味のグループ〕から選び、記号で答えなさい。

1 ハーモニカはだれにでもなじみのある楽器だ。
2 機関車は文明開化の象徴の一つだ。
3 絶体絶命の危機をぬけ出すにはどうするべきか。

〔意味のグループ〕
ア しくみ／からくり
イ きっかけ／その時
ウ 道具／はたらき

1	2	3

問題 次の――線部のカタカナを漢字で書きなさい。

1 大きく成長する絶好のキカイだ。
2 最新式のキカイを導入した工場。
3 姉はキカイ体操で優勝したことがある。

1	2	3

12 こうい〔行為・好意・厚意〕

準備練習 次の――線部の漢字の意味としてふさわしいものを、〔意味のグループ〕から選び、記号で答えなさい。

1 計画を実行にうつす。
2 カレーライスが好物だ。
3 校長先生は温厚な人だ。

〔意味のグループ〕
ア すきなこと
イ ていねいなこと／てあついこと
ウ すること／おこない

1	2	3

問題 次の――線部のカタカナを漢字で書きなさい。

1 スポンサーのごコウイでプレゼントを用意しております。
2 同じクラスの女の子にコウイを寄せる。
3 英雄的なコウイが人々の感動を呼んだ。

1	2	3

3 音読みが同じで似た意味の漢字の使い分け

ステップ1

音読みが同じで、似た意味の漢字がある。

音読みが同じで似た意味の漢字は、まちがえやすいので注意しましょう。たとえば、「感」と「観」は、どちらも音読みが「カン」で、意味も似ています。

感…① 心や体で感じる　② 気持ち
観…① 見る　② 見方や考え方

「感」と「観」の①と②の意味どうしを見ると、よく似ていますね。けれども、少しちがっていて、**それぞれの意味に合わせて、次のように熟語を使い分けます。**

感
① 映画を見て感動する。→ 心が大きく動かされる
② 満足感が大きい。→ 満足した気持ち

観
① 観光バスに乗る。→ 風景などを見て回る
② 価値観がちがう。→ なにが価値をもつかという考え方

②で、「満足観」や「価値感」という漢字の使い方をするとまちがいになるので、注意しましょう。

↓ やってみよう 1

やってみよう 1

次の各組の漢字は音読みが同じです。ひらがなで答えよう。

① 卒・率〔　　〕
② 門・問〔　　〕
③ 義・議〔　　〕
④ 構・講〔　　〕
⑤ 生・性〔　　〕
⑥ 清・精〔　　〕

答え　①＝そつ　②＝もん　③＝ぎ　④＝こう　⑤＝せい　⑥＝せい

ステップ2 音読みが同じで、意味も形も似た漢字がある。

たとえば、「復」と「複」は、どちらも音読みが「フク」で、意味も形も似ています。これは、漢字には、右側の部分(「つくり」)がおもに音を表し、左側の部分(「へん」)がおもに意味を表すという働きがあるからです。

復　複
← つくり＝音を表す
→ へん＝部首。意味を表す

「復」の部首は「ぎょうにんべん」、「複」の部首は「ころもへん」といいます。

復 ① くり返す → 復習(ふくしゅう)
復 ② もとにもどる → 回復(かいふく)
複 ① 同じものが二つ以上ある → 複数(ふくすう)
複 ② 同じものを作る → 複製(ふくせい)

ポイント3
音読みが同じで、意味も形も似た漢字は、意味と部首のちがいに注意。

↓ やってみよう2

やってみよう2

次の各組の漢字で、音を表す部分を答えよう。

① 門・問〔　　〕
② 義・議〔　　〕
③ 構・講〔　　〕
④ 生・性〔　　〕
⑤ 清・精〔　　〕

答え ①＝門 ②＝義 ③＝冓 ④＝生 ⑤＝青

♫ 部首
① どちらも「門」(もんがまえ)
② 義＝「羊」(ひつじ) 議＝「言」(ごんべん)
③ 構＝「木」(きへん) 講＝「言」(ごんべん)
④ 性＝「忄」(りっしんべん)
⑤ 清＝「氵」(さんずい) 精＝「米」(こめへん)

練習問題　音読みが同じで似た意味の漢字の使い分け

答え➡別冊4ページ

1 ソツ〔率・卒〕

準備練習 次の——線部の漢字の意味としてふさわしいものを、［意味のグループ］から選び、記号で答えなさい。

1 選手全員を統率する。

2 四番打者の打率が上がってきた。

3 大卒の就職状況が好転してきた。

［意味のグループ］

ア わりあい　イ 終わる

ウ ひきいる

問題 次の——線部のカタカナを漢字で書きなさい。

1 ソツギョウ式に出る。

2 低学年をインソツする。

3 ソッセンしてトイレ掃除を始める。

2 カン〔感・観〕

準備練習 次の——線部の漢字の意味としてふさわしいものを、［意味のグループ］から選び、記号で答えなさい。

1 妹は感受性が強い。　2 観客の目をくぎ付けにする。

3 観点を変えて考える。　4 古城のような外観。

［意味のグループ］

ア ありさま／すがた　イ 心や体で感じる

ウ 見方や考え方　エ 見る

問題 次の——線部のカタカナを漢字で書きなさい。

1 彼の話にキョウカンする。

2 カチカンのちがいを認める。

3 兄にはセキニンカンがあまりない。

4 あまりヒカンするな。

3 モン〔門・問〕

準備練習 次の——線部の漢字の意味としてふさわしいものを、[意味のグループ]から選び、記号で答えなさい。

1 落語の一門。
2 音楽部門で最も優れ（すぐ）た作品。
3 設問文をていねいに読む。
4 門番が交代する。

[意味のグループ]
ア 同じ師（し）から教えを受ける仲間　イ 聞く／たずねる
ウ いくつかに分かれた分野　エ 出入り口

1	2	3	4

問題 次の——線部のカタカナを漢字で書きなさい。

1 モンドウ無用で切りつけた。
2 自分のセンモン外のことには答えられない。
3 協力してナンモンを解決（かいけつ）する。
4 新人作家の登竜（とうりゅう）モン。

1	2	3	4

4 ギ〔義・議〕

準備練習 次の——線部の漢字の意味としてふさわしいものを、[意味のグループ]から選び、記号で答えなさい。

1 義足をつけた少年。
2 議長から注意された。
3 正義の味方。
4 勉強することの意義がわからない。

[意味のグループ]
ア 意見を言う／話し合う　イ 本物の代わり
ウ 意味　エ 正しいこと

1	2	3	4

問題 次の——線部のカタカナを漢字で書きなさい。

1 有名な先生のコウギを受ける。
2 学級会のギダイを黒板に書く。
3 大臣の発言にイギをとなえる。
4 同音イギ語を調べる。

1	2	3	4

5 コウ〔構・講〕

準備練習 次の――線部の漢字の意味としてふさわしいものを、［意味のグループ］から選び、記号で答えなさい。

1 駅の構内をくまなく探す。
2 ベルサイユでかつて講和会議が行われた。
3 講堂に全校生徒が集合する。
4 すぐれた演奏家たちで構成された楽団。

［意味のグループ］
ア 組み立てる　イ 仲直りする
ウ 説明する　エ 囲いの中

1	2	3	4

問題 次の――線部のカタカナを漢字で書きなさい。

1 交通安全のコウシュウ会に参加する。
2 城のようなコウゾウの建物。
3 お坊さんのコウワを聞く。
4 町の将来についてコウソウを練る。

1	2
3	**4**

6 フク〔復・複〕

準備練習 次の――線部の漢字の意味としてふさわしいものを、［意味のグループ］から選び、記号で答えなさい。

1 命令を復唱する。
2 復興計画を立てる。
3 トンボは複眼である。
4 複数の意見を検討する。

［意味のグループ］
ア 二つ以上／重なる　イ くり返す
ウ かえる／もどる

1	2	3	4

問題 次の――線部のカタカナを漢字で書きなさい。

1 有名な絵をフクセイする。
2 傷んだ絵をフクゲンする。
3 学んだことは早めにフクシュウすること。
4 フクザツな人間関係。

1	2
3	**4**

7 セイ〔制・製〕

準備練習 次の――線部の漢字の意味としてふさわしいものを、[意味のグループ]から選び、記号で答えなさい。

1 あこがれの制服を初めて着た。
2 社会科見学で製鉄所に行った。
3 制限時間は五分だ。
4 絵画（かいが）を制作する。

[意味のグループ]
ア 品物を作る　イ 芸術（げいじゅつ）などの作品を作る
ウ さだめる　エ おさえる

1	2	3	4

問題 次の――線部のカタカナを漢字で書きなさい。

1 憲法をセイテイする。
2 電気器具をセイサクする作業場。
3 おやつの予算は五百円までというセイヤクがある。
4 卒業セイサクとして六年生全員で絵を描（か）いた。

1	2
3	**4**

8 セキ〔積・績〕

準備練習 次の――線部の漢字の意味としてふさわしいものを、[意味のグループ]から選び、記号で答えなさい。

1 この地方では積雪が五メートルにもなる。
2 努力したので成績もずいぶん上がった。
3 広大な農園の面積を測（はか）る。
4 会社の業績がのびた。

[意味のグループ]
ア 広さ／かさ　イ つみかさなる
ウ 仕事や勉強の結果

1	2	3	4

問題 次の――線部のカタカナを漢字で書きなさい。

1 国中の物資（ぶっし）がシュウセキする港。
2 立派（りっぱ）なコウセキをのこした政治家（せいじか）。
3 もっとセッキョクテキになるべきだ。
4 見事なセンセキで決勝まで進んできたチーム。

1	2
3	**4**

4 細部をまちがえやすい漢字

ステップ1

漢字の細部のちがいに気をつけよう。

漢字には、細部がちがっているだけで、全体の形はよく似（に）ているものがあります。次の二つの漢字は、どこがちがっているでしょうか。

遺　遣

部首（ぶしゅ）はどちらも「しんにょう」ですが、その上の部分がちがいますね。この二つの漢字は、形は似ていますが、音読みも意味もちがうので、まちがえないようにしましょう。

遺（イ）　①のこす　→遺産（さん）
　　　　　②わすれる　→遺失物（しつぶつ）
遣（ケン）　①人をつかわす　→派（は）遣　遣唐使（とうし）

細部や意味をまちがえないようにするためには、漢字と熟語（じゅくご）をセットにして覚えておくようにしましょう。

↓ やってみよう 1

やってみよう 1

次の各組の漢字は、細部がちがいます。うすい字をなぞって、まねて書いてみよう。

① 専〔　　〕　博〔　　〕
② 易〔　　〕　湯〔　　〕
③ 遺〔　　〕　遣〔　　〕
④ 券〔　　〕　勝〔　　〕

♪ ①「博」は書き順（じゅん）にも注意。右側の点（、）は最後に書くのではなく、「寸（すん）」より前に書きます。

ステップ2

部首に気をつけて、細部の似た漢字を使い分けよう。

細部の似ている漢字は、部首のちがいを頭に入れておくと、使い分けやすくなることがあります。

展（テン）　部首は「尸」（しかばね）
裏（うら）　部首は「衣」（ころも）

「展」にははらいがありませんが、「裏」にはなぜはらいがあるのでしょうか。それは、「裏」の部首は「衣」（ころも）であり、「亠」と「衣」の間に「里」が入ってできているからです。

ポイント4

細部の似た漢字は、部首がちがうものがある。

券（ケン）　部首は「刀」（かたな）
勝（ショウ）　部首は「力」（ちから）

「券」の最後は「刀」ですが、「勝」の最後は「力」です。
それは、「券」と「勝」は部首がちがうからです。

↓ やってみよう2

やってみよう2

同じ部分をもつ漢字を、あとから三つずつ選んで書こう。

① 券〔　　〕
勝〔　　〕

切　勇　加　初　助　分

② 看〔　　〕
湯〔　　〕

場　直　傷　省　県　陽

答え
① 券＝切・初・分　勝＝勇・加・助
② 看＝直・省・県　湯＝場・傷・陽

♫ ①「切・初・分」の部首は「刀」（かたな）。「勇・加・助」の部首は「力」（ちから）。②「看・直・省・県」の部首は「目」（め）。「湯・場・傷・陽」のつくりは「昜」（よう）。

練習問題 細部をまちがえやすい漢字

1 展・裏

準備練習 うすい漢字をなぞり、まねて書きなさい。

1 展〔　　〕 2 裏〔　　〕

問題 次の――線部のカタカナを漢字で書きなさい。

1 めざましくハッテンする地方都市。

2 葉のウラガワを観察（かんさつ）する。

1	2

2 専・博

準備練習 うすい漢字をなぞり、まねて書きなさい。

1 専〔　　〕 2 博〔　　〕

問題 次の――線部のカタカナを漢字で書きなさい。

1 センモン家の意見を聞く。

2 ハクラン会が行われる。

1	2

3 蒸・救

準備練習 うすい漢字をなぞり、まねて書きなさい。

1 蒸〔　　〕 2 救〔　　〕

問題 次の――線部のカタカナを漢字で書きなさい。

1 キュウキュウ車が病院に着いた。

2 水分がジョウハツした。

1	2

4 遺・遣

準備練習 うすい漢字をなぞり、まねて書きなさい。

1 遺〔　　〕 2 遣〔　　〕

問題 次の――線部のカタカナを漢字で書きなさい。

1 世界イサンに登録（とうろく）された。

2 記者を海外にハケンする。

1	2

答え➡別冊5ページ

5 看・拝

準備練習 うすい漢字をなぞり、まねて書きなさい。

1 看〔　　〕 2 拝〔　　〕

問題 次の――線部のカタカナを漢字で書きなさい。

1 妹をカンビョウする。
2 お手紙をハイケンしました。
3 カンゴ師(し)になりたい。

1	2	3

6 券・勝

準備練習 うすい漢字をなぞり、まねて書きなさい。

1 券〔　　〕 2 勝〔　　〕

問題 次の――線部のカタカナを漢字で書きなさい。

1 ケンバイキに行列ができている。
2 ユウショウ記念セール。
3 ニュウジョウケンをなくさないように。

1	2	3

7 易・湯

準備練習 うすい漢字をなぞり、まねて書きなさい。

1 易〔　　〕 2 湯〔　　〕

問題 次の――線部のカタカナを漢字で書きなさい。

1 ネットウでやけどをしてしまった。
2 アンイに賛成(さんせい)してしまった。
3 エキシャに占(うらな)ってもらう。

1	2	3

8 補・祖

準備練習 うすい漢字をなぞり、まねて書きなさい。

1 補〔　　〕 2 祖〔　　〕

問題 次の――線部のカタカナを漢字で書きなさい。

1 入部以来(いらい)ずっとホケツです。
2 センゾ供養(くよう)をきちんとする。
3 ホシュウ授業(じゅぎょう)に出る。

1	2	3

9 衆・象

準備練習 うすい漢字をなぞり、まねて書きなさい。

1 衆〔　　〕 2 象〔　　〕

問題 次の――線部のカタカナを漢字で書きなさい。

1 首相がシュウギインを解散（かいさん）した。

2 小学生をタイショウにした問題集。

3 優勝（ゆうしょう）パレードに二十万人のカンシュウが集まった。

1

2

3

10 劇・危

準備練習 うすい漢字をなぞり、まねて書きなさい。

1 劇〔　　〕 2 危〔　　〕

問題 次の――線部のカタカナを漢字で書きなさい。

1 エンゲキ部にはいりたい。

2 キキカンが足りないと注意された。

3 ゲキテキな逆転（ぎゃくてん）ホームランが飛び出した。

1

2

3

11 編・備

準備練習 うすい漢字をなぞり、まねて書きなさい。

1 編〔　　〕 2 備〔　　〕

問題 次の――線部のカタカナを漢字で書きなさい。

1 姉はアミモノが得意だ。

2 冷暖房（れいだんぼう）がカンビされた新校舎（こうしゃ）。

3 大ヒットした映画（えいが）のゾクヘンができるらしい。

1

2

3

12 慣・梅

準備練習 うすい漢字をなぞり、まねて書きなさい。

1 慣〔　　〕 2 梅〔　　〕

問題 次の――線部のカタカナを漢字で書きなさい。

1 カンヨウクがなかなか覚（おぼ）えられない。

2 バイウ前線が停滞（ていたい）している。

3 家庭学習のシュウカンが身についた。

1

2

3

13 賞・覚

準備練習 うすい漢字をなぞり、まねて書きなさい。

1 賞〔　　〕 2 覚〔　　〕

問題 次の――線部のカタカナを漢字で書きなさい。

1 ノーベルショウをとった学者。
2 受験生としてのジカクが出てきた。
3 ショウミ期限（きげん）を確認（かくにん）した。

1
2
3

14 混・路

準備練習 うすい漢字をなぞり、まねて書きなさい。

1 混〔　　〕 2 路〔　　〕

問題 次の――線部のカタカナを漢字で書きなさい。

1 電車がコンザツする。
2 オウロはバスを利用（りよう）する。
3 公私コンドウはよくない。

1
2
3

15 預・務

準備練習 うすい漢字をなぞり、まねて書きなさい。

1 預〔　　〕 2 務〔　　〕

問題 次の――線部のカタカナを漢字で書きなさい。

1 荷物をアズけた。
2 国民のギム。
3 ヨキン通帳を受け取る。

1
2
3

16 奏・蚕

準備練習 うすい漢字をなぞり、まねて書きなさい。

1 奏〔　　〕 2 蚕〔　　〕

問題 次の――線部のカタカナを漢字で書きなさい。

1 エンソウカイに出かける。
2 戦前はヨウサンがさかんだった。
3 いくつもの楽器（がっき）でガッソウした。

1
2
3

5 まちがえやすい送りがな

ステップ1 まちがえやすい送りがなを覚(おぼ)えよう。

送りがなをまちがえやすい漢字があります。次の漢字の送りがなは、どう書くでしょうか。

おぎなう

答えは、「補う」です。「補なう」はまちがいです。「補う」のいろいろな形をみてましょう。

補う → 補わない・補います・補う・補えば

形の変わる部分を送りがなにしていることがわかりますね。

ポイント 5

送りがなは、形の変わる部分を送るのが原則。

ことわる → 断らない・断ります・断る・断れば

こころよい → 快かった・快くなる・快い・快ければ

へんだ → 変だろう・変になる・変だ・変ならば

やってみよう 1

やってみよう 1

うすい字をなぞり、漢字と送りがなをまねて書いてみよう。

① たがやす　耕す　（　　）

② いとなむ　営む　（　　）

③ みちびく　導く　（　　）

④ やしなう　養う　（　　）

⑤ あやまる　誤る　（　　）

⑥ みじかい　短い　（　　）

⑦ おさない　幼い　（　　）

⑧ らくだ　楽だ　（　　）

ステップ2

例外的な送りがなをつける漢字を覚えよう。

送りがなは、形の変わる部分を送るのが原則ですが、それに当てはまらない送りがなをつける漢字もたくさんあります。

うごかす　→ 動かす［動かさない・動かします・動かす・動かせば］

うつくしい　→ 美しい［美しかった・美しくなる・美しい・美しければ］

たしかだ　→ 確かだ［確かだろう・確かになる・確かだ・確かならば］

どれも、形の変わらない「か」「し」「か」から送ります。「動かす」ということばは、「動く」というほかの語をふくんでいるからです。

ポイント6

ほかの語をふくむ語や、「―しい」「―かだ」となることばは、例外的な送りがなになる。

↓ やってみよう 2

やってみよう 2

うすい字をなぞり、漢字と送りがなをまねて書いてみよう。

① おそわる　教わる　〔　　〕
② むかう　向かう　〔　　〕
③ うまれる　生まれる　〔　　〕
④ たのしい　楽しい　〔　　〕
⑤ かなしい　悲しい　〔　　〕
⑥ ひとしい　等しい　〔　　〕
⑦ あたたかだ　暖かだ　〔　　〕
⑧ あきらかだ　明らかだ　〔　　〕

♫ ①は「教える」、②は「向く」、③は「生む」というほかの語をふくむ。④⑤⑥はみな、「―しい」なので「し」から送り、⑦は「―かだ」なので「か」から送ります。⑧の「―らかだ」や「―やかだ」はそれぞれ「ら」「や」から送ります。

練習問題　まちがえやすい送りがな

答え➡別冊6ページ

1 〜なう・う

問題 ――線部のカタカナを漢字と送りがなで書きなさい。

1 会社の信用をソコナウ。
2 彼(かれ)のことをミソコナッタ。
3 失敗(しっぱい)をオギナウ。
4 おたがいの足りないところをオギナオウよ。

2 〜ない・い

問題 ――線部のカタカナを漢字と送りがなで書きなさい。

1 弟はまだオサナイ。
2 オサナカッタころの思い出。
3 アブナイ場所には行くな。
4 アブナカッタところを助けてもらった。

3 〜やす・す

問題 ――線部のカタカナを漢字と送りがなで書きなさい。

1 むだな時間をツイヤス。
2 いくらお金をツイヤシても構(かま)わない。
3 田をタガヤス。
4 タガヤサないと畑が荒(あ)れてしまう。

4 〜る

問題 ――線部のカタカナを漢字と送りがなで書きなさい。

1 提案(ていあん)をコトワル。
2 ひとことコトワッてから入りなさい。
3 注文をウケタマワル。

5 〜まる・める・る

問題 ——線部のカタカナを漢字と送りがなで書きなさい。

1 心アタタマルことばをいただいた。
2 スープをアタタメよう。
3 社長が深々と頭を下げてアヤマル。
4 ぼくは絶対(ぜったい)にアヤマラないよ。

1	2	3	4

6 〜るい・い

問題 ——線部のカタカナを漢字と送りがなで書きなさい。

1 表情がとてもアカルイ。
2 もう少しアカルケレばいいのに。
3 ココロヨク引き受けてもらった。
4 春風がはだにココロヨイ。

1	2	3	4

7 〜しい・ましい

問題 ——線部のカタカナを漢字と送りがなで書きなさい。

1 アタラシイ校舎(こうしゃ)が完成した。
2 この野菜(やさい)はあまりアタラシクない。
3 イサマシイ行進曲。
4 アレキサンダー大王はイサマシカッた。

1	2	3	4

8 〜める・かめる

問題 ——線部のカタカナを漢字と送りがなで書きなさい。

1 司会をツトメル。
2 彼(かれ)に主役はツトマラないだろう。
3 まちがいがないかタシカメなさい。
4 よくタシカメてから食べた。

1	2	3	4

仕上げの問題①

1 次のことばを漢字と送りがなで書きなさい。

1 はぶく　2 もっとも　3 かりる
4 うしなう　5 みじかい　6 おそわる
7 たたかう　8 いわう　9 かならず
10 かたまる　11 うまれる　12 はずかしい

1	4	7	10
2	5	8	11
3	6	9	12

2 次のことばの送りがなが正しければ○を、まちがっていれば正しく直して書きなさい。

1 断わる　2 省みる　3 混じる
4 導びく　5 逆う　6 厳い
7 帯る　8 健やかだ　9 試る
10 幼ない　11 潔い　12 費す

3 次の文には漢字のまちがいが一か所あります。それぞれ正しく直して書きなさい。

1 すぐ終わると思っていたのに以外に時間がかかった。
2 学校までの所用時間はおよそ三十分です。
3 ぼくは君たちの意見に異義(いぎ)がある。
4 姉は機械体操(たいそう)の大会で優勝(ゆうしょう)した。
5 人工衛生からの映像で明らかになる。
6 幸福を追及(ついきゅう)する権利(けんり)は憲法(けんぽう)で保障(ほしょう)されている。
7 だれよりも熱心に練習をする関心な生徒。
8 駅から学校までの距離(きょり)を計る。

1	4	7	10
2	5	8	11
3	6	9	12

答え↓別冊6ページ

4 次の——線部のカタカナを漢字に直しなさい。

1 ① 日本の人口はゲンショウしている。
　② 自然ゲンショウをじっくり観察(かんさつ)する。

2 ① 税金(ぜいきん)を国にオサめる。
　② 国王が国をオサめる。

3 ① 無事に人質(ひとじち)はカイホウされた。
　② すべての窓(まど)がカイホウされた部屋。

4 ① 父は役所にツトめている。
　② 問題の解決(かいけつ)にツトめている。

5 ① 交通キカンに遅(おく)れが出る。
　② 出願キカンに遅れるな。

6 ① 鏡に顔をウツす。
　② 板書をノートにウツす。

7 ① 切手をシュウシュウする。
　② 混乱(こんらん)した事態(じたい)をシュウシュウする。

8 ① アタタかい食事。
　② アタタかい服装(ふくそう)。

1	3	5	7

2	4	6	8

5 次の——線部のカタカナにふさわしい漢字をア〜ウから選(えら)び、記号で答えなさい。

1 新年度の人事イドウが発表された。
ア 移動　イ 異動　ウ 異同

2 東京駅はキセイ客でごった返した。
ア 規制　イ 寄生　ウ 帰省

3 小学生をタイショウにしたアンケート調査。
ア 対称　イ 対照　ウ 対象

4 不安定(ふあんてい)なタイセイでも正確(せいかく)に投げた。
ア 態勢　イ 体制　ウ 体勢

5 パソコンの使い方をシュウトクする。
ア 収得　イ 習得　ウ 拾得

1	2	3	4	5

仕上げの問題②

1 次のア〜エで、送りがながすべて正しい組み合わせを一つ選び、記号で答えなさい。

ア　楽しい　費す　補う　究める
イ　著しい　表す　失う　承わる
ウ　苦しい　志す　商う　起きる
エ　向う　治す　交わる　美しい

2 次の――線部のカタカナを漢字に直しなさい。

1 学級会の司会をツトめる。
2 入学試験にノゾむ。
3 新入社員を五人トる。
4 仏壇(ぶつだん)にお花をソナえる。
5 次の試合までにけがをナオす。

1	2	3	4	5

3 次の［　］の漢字をふくむ□にふさわしいことばを答えなさい。□一つで一字とします。

1 ［覚］①漢字を□□□。②夜中に目が□□□。
2 ［治］①痛(いた)みが□□□。②けがが□□。
3 ［生］①□□□故郷(こきょう)は変わらずに美しい。②髪(かみ)の毛の□□ぎわ。
4 ［歩］①五キロも□□された。②戦後日本の□□をふりかえる。
5 ［明］①手品のたねを□□□。②事故原因(じこげんいん)を□□□にする。

	1	2	3	4	5
①					
②					

答え➡別冊7ページ

4 例にならって、カタカナを漢字に直し、――線部の漢字を訓読みにして、送りがなもふくめて答えなさい。

[例] 手を洗うシュウカンをつけましょう。
↓ 習慣・習う

1 ここには高山植物がグンセイしている。
2 上司に結果をホウコクする。
3 代表には選ばれずホケツとして参加した。
4 関係者センヨウの出入り口。
5 高原の気候はカンダンの差が大きい。
6 馬の体重をケイリョウする。

1	2
・	・
3	4
・	・
5	6
・	・

5 次の――線部のカタカナの部分を漢字に直し、必要ならば送りがなもつけなさい。

1 川にソッテ歩こう。
2 熱い（あつ）シャワーをアビル。
3 センモン家の意見を聞いてみる。
4 ハカセの意見を聞いてみる。
5 ナンモンを解決（かいけつ）した。
6 私（わたし）はカンゴ師（し）になりたい。
7 手を合わせ、心を静めてオガム。
8 お客様の注文をウケタマワル。
9 路面の雨水がすぐにジョウハツする。
10 キュウキュウ病院に行った。
11 テイキケンを買ってきた。
12 念願（ねんがん）のユウショウを果（はた）した。
13 実験（じっけん）をするときはハクイを着る。
14 テンジ物にはさわるな。
15 荷物をハイタツする車。

1	2	3
4	5	6
7	8	9
10	11	12
13	14	15

入試問題にチャレンジ

1

次の文には漢字のまちがいが一か所あります。それぞれ正しく直して書きなさい。

1 科学技術の専問家が講演した。

2 窓の解放をみずから行う感心な生徒だ。

3 不測の事態における行動計画を、常に供えておいた。

1	2	3

（兵庫・甲南中）

2

次の〔　〕にふさわしい漢字を、あとのア～カから選び、記号で答えなさい。

1 彼は男女を超えた〔　〕大な人気がある。

2 今後十年先までの〔　〕大な計画が発表された。

3 バスで旅する私の目の前に〔　〕大な野原が現れた。

ア 遠　イ 長　ウ 美
エ 広　オ 絶　カ 深

1	2	3

（千葉・東海大付浦安高中等部）

3

次の1～3の漢字と同じ漢字があてはまる文をア～エから選び、記号で答えなさい。

1 並行

ア 彼らは三つの企画を□□して進めている。
イ □□な直線で囲まれた図形について考える。
ウ 町の人口が減り、ついに□□することになった。
エ 医院の待ち時間があまりにも長く、□□した。

2 希少

ア 今日は登山をするには□□条件がよさそうだ。
イ 東京にもまだ□□な生物がいるらしい。
ウ 新しい大臣は□□の激しい人だ。
エ 長い休みに入ると、□□時間が遅くなる。

3 公正

ア 新しい□□労働大臣が決まる。
イ この建物は、□□まで残したいものだ。
ウ 内容をよく見ながら文章を□□していく。
エ □□な判断ができるようにする。

1	2	3

（神奈川・鎌倉女学院中）

答え↓別冊7ページ

4 次の――線部のカタカナと同じ漢字をふくむものをア～エから選び、記号で答えなさい。

1 ゲンジュウな守り。
ア 体力のゲンカイに挑む。
イ 被害のゲンジョウに驚く。
ウ 川のゲンリュウに着く。
エ 金額をゲンミツに計算する。

2 エイセイ的な施設。
ア 災害へのジエイ方法。
イ 店のエイギョウ時間。
ウ エイキュウの平和。
エ エイコクの大使。

3 ケンキュウ成果をまとめる。
ア キュウユウと再会する。
イ コキュウが乱れる。
ウ 現場にキュウコウする。
エ 原因をキュウメイする。

4 シンコクな問題が見つかる。
ア シンヨウのおける人物。
イ シンリン地帯の調査。
ウ 久しぶりのジシン作。
エ スイシンの計測。

5 カホウの刀。
ア ホウイを調べる。
イ ホウモツ館を見学する。
ウ ホウサクを願う。
エ 外国をホウモンする。

1	2	3	4	5

（神奈川・桐光学園中）

5 次の――線部の漢字が異なるものをア～オから一つ選び、記号で答えなさい。

1
ア 考古学者になってタイ古の世界を研究したい。
イ ヨットでタイ平洋を横断する冒険家。
ウ 東の空から明るいタイ陽がのぼってきた。
エ 川をわたるために丸タの橋を組み立てた。
オ 賛成の意見がクラスのタイ半をしめている。

2
ア 運動の後に栄養をホ給することが大切である。
イ 近所の川では堤防のホ強工事を行っている。
ウ 災害時のために食料を確ホしておく。
エ テレビで各党の立候ホ者の主張を聞いた。
オ 兄がオリンピックのホ欠に選ばれた。

3
ア 平和を願う彼の意見にキョウ感する。
イ 私は姉と一つの部屋をキョウ有している。
ウ 公キョウの場所での過ごし方に注意をはらう。
エ 自然と人間がキョウ存できる社会を目指そう。
オ 被災者に必要な物資をキョウ給する。

4
ア 実戦での経験不足をツウ感する試合内容だった。
イ このエッセイには身の回りのツウ快な出来事がえがかれている。
ウ 病気になったときに親の愛をツウ切に感じた。
エ いくどかの警告を経て最後ツウ告を行う。
オ 新聞紙上で二者がツウ烈に批判しあっている。

1	2	3	4

（千葉・芝浦工大柏中）

6 矢印の向きに読んだとき、正しい熟語になるように□にふさわしい漢字一字を答えなさい。

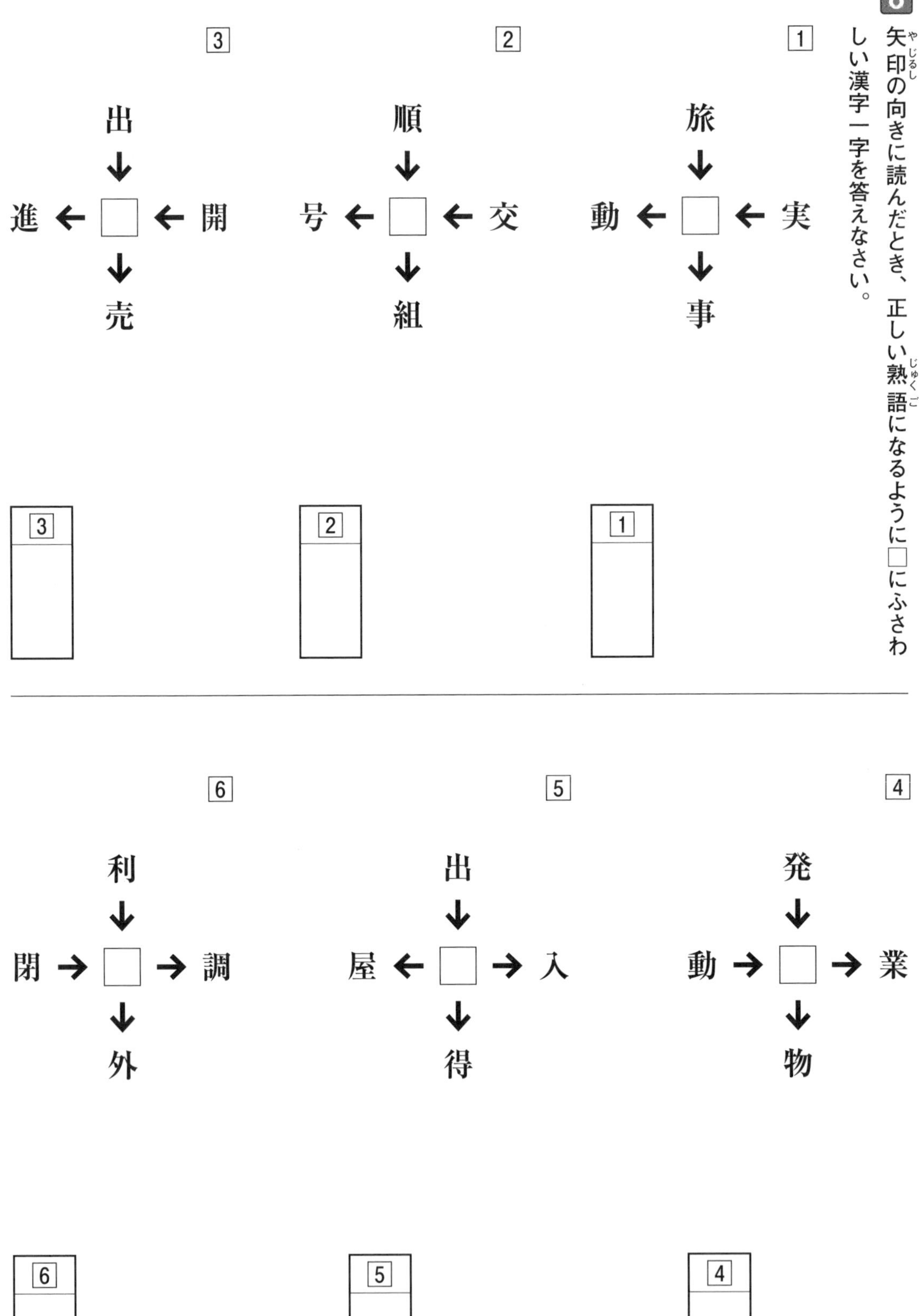

7

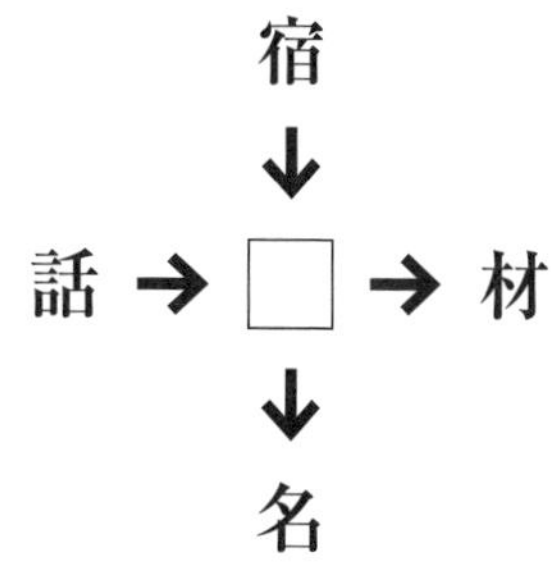

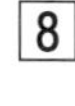

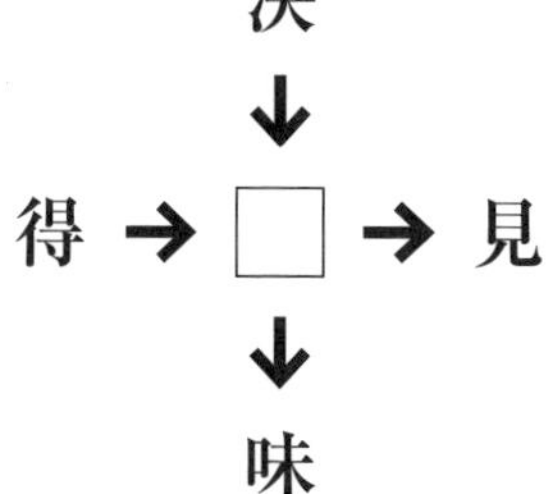

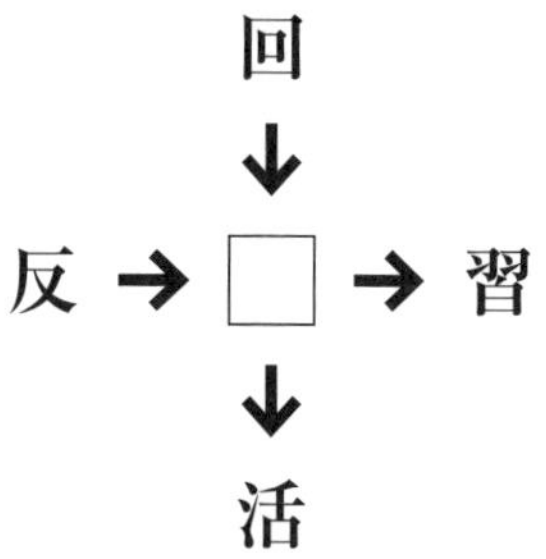

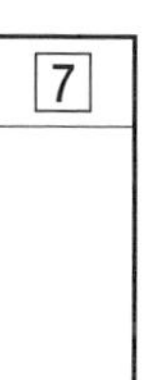

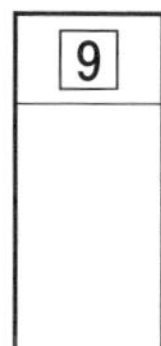

10

人 ↓
実 → □ → 利
↓ 力

10

（東京・女子美術大付中）

1 動きを表すことば—動詞

ステップ1 動詞の特徴と活用を覚えよう。

人や物の動きや存在などを表すことばを「動詞」といいます。動詞の言い切りの形は「ウ段」の音で終わります。

書[く] ←「ウ段」の音

動詞は、文の中で用いられると、音が変化する部分があります。

・作文を書かない。　・作文を書きます。　・作文を書く。
・作文を書くとき、　・作文を書けば、　・作文を書け。
・作文を書こう。

このように、ことばの一部が変化することを「活用」といいます。「書く」のように、ア段(「か」)からオ段(「こ」)までの五段に活用する動詞を「五段活用」の動詞といいます。

↓ やってみよう1

ステップ2 いろいろな動詞の活用を覚えよう。

やってみよう1

次の（　）に、「読む」という動詞をふさわしい形にかえて入れてみよう。

① 兄はあまり本を（　　）ない。
② ぼくはまんがをよく（　　）ます。
③ 父は毎日、新聞を（　　）。
④ おじいちゃんは、本を（　　）ときにめがねをかけます。
⑤ 説明書を（　　）ば、わかります。
⑥ 教科書をしっかり（　　）う。

答え ①＝読ま　②＝読み　③＝読む　④＝読む
⑤＝読め　⑥＝読も

「起きる」は「イ段（だん）」の音に活用するので「上一段活用（かみいちだんかつよう）」、「食べる」は「エ段」の音に活用するので、「下一段活用（しもいちだんかつよう）」といいます。

- 朝早く起きない。
- 朝早く起きます。
- 朝早く起きる。
- 朝早く起きるとき、
- 朝早く起きれば、
- 朝早く起きろ／きよ。

- 朝ごはんを食べない。
- 朝ごはんを食べます。
- 朝ごはんを食べる。
- 朝ごはんを食べるとき、
- 朝ごはんを食べれば、
- 朝ごはんを食べろ／べよ。

「する」「〜する」は「サ行変格活用（へんかく）」、「来る（く）」は「カ行変格活用」といいます。

- 公園を散歩しない。
- 公園を散歩します。
- 公園を散歩する。
- 公園を散歩するとき、
- 公園を散歩すれば、
- 公園を散歩しよう。
- 公園を散歩しろ／せよ。

- 明日はこない。
- 明日きます。
- 明日くる。
- 明日くるとき、
- 明日くれば、
- 明日こよう。
- 明日こい。

ポイント 7
動詞（どうし）の活用には、五つのタイプがある。

↓ やってみよう 2

やってみよう 2

次の——線部の動詞を、例にならって、言い切りの形に直して書いてみよう。

［例］お店の人を呼（よ）びました。→ 呼ぶ

① しっかり手を洗（あら）おう。〔　　〕

② 今日は早く起きた。〔　　〕

③ 生の魚は食べない。〔　　〕

④ 熱心に練習しました。〔　　〕

⑤ 今度来るときはいつですか。〔　　〕

答え ①＝洗う　②＝起きる　③＝食べる　④＝練習する　⑤＝来る

♫ ①は五段活用、②は上一段活用、③は下一段活用、④はサ行変格活用、⑤はカ行変格活用の動詞。

練習問題　動きを表すことば――動詞（どうし）

答え➡別冊8ページ

1

準備練習　1 2のことばを、例の①〜⑩の――線部の形に直しなさい。直せない場合は×を書きなさい。

［例］　起きる

① 朝早く起きた。　② さっきからずっと起きている。

③ 母に無理やり起こされる。　④ 弟を起こす。

⑤ 妹に弟を起こさせる。

⑥ 弟からせがまれて起きてあげる。

⑦ 姉にせがんで起きてもらう。

⑧ 母は毎日ぼくを起こしてくれる。

⑨ 自分で起きられる。　⑩ ためしに起きてみる。

1 笑（わら）う　2 呼（よ）ぶ

1

①	④	⑦	⑩

②	⑤	⑧

③	⑥	⑨

2

①	④	⑦	⑩

②	⑤	⑧

③	⑥	⑨

問題　1 2のことばを準備練習の④の形に直しなさい。

1 割（わ）れる→窓（まど）を□□。

2 閉（し）まる→窓を□□□。

1	2

2

次の動詞を例にならって「〜することができる」という意味をふくむ動詞に直しなさい。

［例］　売る → 売れる

1 書く　2 話す　3 読む　4 走る　5 歌う

1	2	3	4	5

3

次の動詞を例にならって「それ自身の動きや働き」を表す動詞から「他からの力による動きや働き」の意味をふくむ動詞に直しなさい。

[例] 集まる → 集める

1 起きる　2 消える　3 育つ　4 変わる
5 開く　6 落ちる　7 飛ぶ　8 終わる
9 届く　10 残る

1	2
3	4
5	6
7	8
9	10

4

次の〔　〕にあてはまる一語の動詞を答えなさい。

1 何年間も毎朝欠かさず走って〔　　〕。
2 新しいシューズで試しに走って〔　　〕。
3 飼い犬が向こうから大喜びで走って〔　　〕。

1
2
3

5

次の〔　〕にあてはまることばを答えなさい。

1 ぼくは兄に泳ぎ方を教えてもらった。
兄はぼくに泳ぎ方を教えて〔　　〕。
2 母は妹にお弁当を作ってあげた。
妹は母にお弁当を作って〔　　〕。
3 牧場の人はぼくを馬に乗せてくれる。
ぼくは牧場の人に馬に乗せて〔　　〕。

1
2
3

6

次の〔　〕にあてはまることばを答えなさい。

1 雲がゆっくりと流れる。
雲の〔　　〕がゆっくりしている。
2 先生がぼくたちに話す。
ぼくたちが先生の〔　　〕を聞く。
3 校庭に出てボールで遊ぼう。
校庭に出てボール〔　　〕をしよう。

1
2
3

2 ようすを表すことば ― 形容詞・形容動詞

ステップ1

形容詞の特徴と活用を覚えよう。

ものごとの性質やようすを表すことばに、「形容詞」があります。

形容詞の言い切りの形は「い」の音で終わります。

寒い　楽しい　明るい

形容詞は次のように活用します。

- 明日は寒かろう。
- 今日は寒かった。
- 今日は寒くない。
- 今日は寒い。
- 部屋が寒いとき、
- 部屋が寒ければ、

- 遠足は楽しかろう。
- 遠足は楽しかった。
- 遠足は楽しくない。
- 遠足は楽しい。
- 遠足が楽しいとき、
- 遠足が楽しければ、

↓ やってみよう 1

やってみよう 1

次の文の（　）に、「広い」という形容詞をふさわしい形にかえて入れてみよう。

① 外の世界はきっと（　　）う。

② 父の背中は（　　）た。

③ この公園はあまり（　　）ない。

④ 道路のはばが（　　）。

⑤ 庭が（　　）ので、気持ちがいい。

⑥ 部屋がもう少し（　　）ば、いいのになあ。

答え ①＝広かろ　②＝広かっ　③＝広く　④＝広い　⑤＝広い　⑥＝広けれ

ステップ2 形容動詞の特徴と活用を覚えよう。

ものごとの性質やようすを表すことばには、「形容動詞」もあります。形容動詞の言い切りの形は「だ」「です」の音で終わります。

きれい**だ**　　さわやか**です**

形容動詞は次のように活用します。

・桜がきれいだろう。	・風がさわやかでしょう。
・桜がきれいだった。	・風がさわやかでした。
・桜がきれいでない。	・風がさわやかです。
・桜がきれいに咲く。	・風がさわやかですので、
・桜がきれいだ。	
・桜がきれいなとき、	
・桜がきれいならば、	

ポイント8

形容詞と形容動詞は、すべて同じ活用をする。命令する言い方はない。

やってみよう2

やってみよう2

次の文の〔　〕に、「必要だ」という形容動詞をふさわしい形にかえて入れてみよう。

① 明日はきっと、かさが〔　　〕う。
② 遊園地に入るには入場料が〔　　〕た。
③ 両親におみやげは〔　　〕ない。
④ もっと大きな辞書が〔　　〕なる。
⑤ はやく医者にみてもらうことが〔　　〕。
⑥ 生活に〔　　〕ものを買う。
⑦ 自転車が〔　　〕ば、かしてあげましょう。

答え ①＝必要だろ　②＝必要だっ　③＝必要で　④＝必要に　⑤＝必要だ　⑥＝必要な　⑦＝必要なら

練習問題　ようすを表すことば――形容詞・形容動詞

答え➡別冊9ページ

1

準備練習　次の〔　〕のことばを〔　〕に入れたとき、ふさわしい形をア～カ、ア～キから選び、記号で答えなさい。

［すばやい］

1 〔　〕ふりむく。　2 〔　〕反応。
3 動作が〔　〕た。　4 動作の〔　〕がほしい。

ア すばやかろ　イ すばやかっ　ウ すばやく
エ すばやい　オ すばやけれ　カ すばやさ

1	2	3	4

［きらいだ］

1 〔　〕なる。　2 きっと〔　〕う。
3 〔　〕ば食べなくてよい。
4 うそは〔　〕。

ア きらいだろ　イ きらいだっ　ウ きらいで
エ きらいに　オ きらいだ　カ きらいな
キ きらいなら

1	2	3	4

問題　「美しい」を文の意味が通るように活用させなさい。

1 花嫁はさぞ〔　〕う。
2 去年見た桜並木はとても〔　〕た。
3 かざりをつけただけでずいぶんと〔　〕なる。
4 思いやりのある心は〔　〕。
5 音色が〔　〕楽器。
6 品物が〔　〕ば、高い値段でも買いたい。

1	2
3	**4**
5	**6**

問題　「静かだ」を文の意味が通るように活用させなさい。

1 窓を閉めればずっと〔　〕う。
2 図書館の中はとても〔　〕た。
3 教室が〔　〕ないと勉強できない。
4 泣いていた赤ちゃんが〔　〕なった。
5 休みの日の学校はとても〔　〕。
6 落ち着いて本が読める〔　〕場所を探した。

7 家の中が（　　　）ば、落ち着いて本が読めるのに。

1	3	5	7

2	4	6

2 次のことばを 1 「形容詞（けいようし）」と 2 「形容詞ではないことば」に分けて、それぞれ記号で答えなさい。

ア 行い　イ 弱い　ウ 味わい
エ きれい　オ 少ない

1	2

3 次のことばを 1 「形容動詞（けいようどうし）」と 2 「形容動詞ではないことば」に分けて、それぞれ記号で答えなさい。

ア いやだ　イ 健康だ　ウ 病気だ
エ あんなだ　オ 今だ

1	2

4 次の 1 ～ 5 の形容詞を例にならって直しなさい。直せないものには×を書きなさい。

［例］重い → 重さ・重み

1 悲しい　2 楽しい　3 明るい　4 暗い
5 苦い

1	3	5
・	・	・

2	4
・	・

5 次の文から形容詞、または形容動詞を探（さが）し、言い切りの形で答えなさい。

1 きれいな花がさいている。
2 ほとんどお金がなかった。
3 天気がよくなるようにおいのりした。
4 こんなことが起きるなんて思わなかった。
5 人前で話すのはそれほどいやではなかった。

1	3	5

2	4

3 ことばの働きを助けることば ① ー 助動詞

ステップ1

助動詞の特徴を覚えよう。

助動詞は、おもに動詞や形容詞、形容動詞の下について、さまざまな意味をつけ加える働きをします。必ずほかのことばといっしょに使われ、助動詞だけで使われることはありません。

① 呼ばれる → 呼ぶ（動詞）＋**れる**（助動詞）〔動作を他から受ける〕

② 楽しそうだ → 楽しい（形容詞）＋**そうだ**（助動詞）〔ようすをおしはかる〕

③ 暑かった → 暑い（形容詞）＋**た**（助動詞）〔今より前のこと〕

助動詞には、「れる・られる」「せる・させる」「たい・たがる」「ない・ぬ」「う・よう」「た」「ます」「らしい」「ようだ・ようです」「そうだ・そうです」「まい」「だ・です」があります。

↓ やってみよう 1

やってみよう 1

次の文は、〔　〕内のことばに助動詞がついています。助動詞を見つけて、□でかこんでみよう。

① 駅前で道を聞かれる。〔聞く〕

② もうすぐ雨が降りそうだ。〔降る〕

③ その本はとてもおもしろいらしい。〔おもしろい〕

④ 昼休みの図書室は静かだった。〔静かだ〕

⑤ 明日の試合はがんばろう。〔がんばる〕

⑥ わたしは背泳ぎができない。〔できる〕

答え ①＝れる　②＝そうだ　③＝らしい　④＝た　⑤＝う　⑥＝ない

♫ どこからが助動詞か、分かれめを見つけよう。

ステップ2 助動詞の活用を覚えよう。

助動詞は活用します。動詞、形容詞、形容動詞のそれぞれとよく似た活用をするものに分かれます。

① 動詞と似た活用をするもの	② 形容詞と似た活用をするもの	③ 形容動詞と似た活用をするもの
[例] れる	[例] たい	[例] そうだ
・呼ばれない	・走りたかろう	・降りそうだろう
・呼ばれます	・走りたかった	・降りそうだった
・呼ばれる。	・走りたくない	・降りそうである
・呼ばれるとき	・走りたい。	・降りそうになる
・呼ばれれば	・走りたいとき	・降りそうだ。
・呼ばれろ。	・走りたければ	・降りそうなとき
・呼ばれよ。		・降りそうならば

ポイント9 助動詞の活用には、三つのタイプがある。

↓ やってみよう2

やってみよう2

助動詞「れる」を、次の各文にあてはまるように活用させて入れてみよう。

① 何も文句を言わ〔　　〕ない。
② 台風の接近が予測さ〔　　〕ます。
③ 後ろから肩をたたか〔　　〕。
④ いつか評価さ〔　　〕ときがくるだろう。
⑤ 呼ば〔　　〕ば行こう。
⑥ 長いものには巻か〔　　〕。（ことわざ）

答え ①＝れ ②＝れ ③＝れる ④＝れる ⑤＝れれ ⑥＝れろ

練習問題 ことばの働き(はたら)を助けることば① ― 助動詞(じょどうし)

答え➡別冊10ページ

1

準備練習 「走る」を、次の助動詞(じょどうし)をつけた形に直しなさい。

1 ない　2 た　3 らしい　4 せる　5 ます

1	3	5

2	4

問題 次の①～⑤の文の意味が通るように、1～5の助動詞をすべて一回ずつ使って、――線部を直しなさい。

① きのう、グランドを十週走る。
② うわさでは、先生は百メートルを十二秒で走る。
③ 正しい時刻(じこく)で電車を走る。
④ 六十歳以下(さいいか)の人しか走る。
⑤ 高木さんのお子さんはリレーで走るか。

①	③	⑤

②	④

2

準備練習 次の動詞を「れる」または「られる」がついた形に直しなさい。

1 食べる　2 笑(わら)う　3 見る　4 招待(しょうたい)する

1	3

2	4

問題 次の――線部と同じ意味をふくむ文を、あとのア～エから選(えら)び、記号で答えなさい。

1 二十キロもある荷物を持ち上げられる。
2 校長先生が教室に来られる。
3 この計画は失敗(しっぱい)だと思われる。
4 ジュースをこぼして母にしかられる。

ア いつしか忘(わす)れられてしまった作品。
イ 雪が降(ふ)るとふるさとが思い出される。
ウ 明日は用事があって練習に来られない。
エ 先生はマンガなんか読まれますか。

1	2	3	4

3

準備練習 次の——線部は助動詞によってどんな意味がつけ加えられているか、ア～コから選び、記号で答えなさい。

1 子どもに作文を書かせる。
2 学校が終わったらいっしょに遊ぼう。
3 転ばぬ先のつえ。
4 これはぼくのノートだ。
5 姉はピアノを習っています。
6 天気予報によると明日は晴れるそうだ。
7 勉強を終えて早く遊びに行きたい。
8 父のようなしっかりとした大人になる。
9 決して同じ失敗をくり返すまい。
10 今にも雨が降り出しそうな天気だ。

ア ついた言葉を打ち消すことを表す。（打ち消し）
イ 他から聞いたことを表す。（伝聞）
ウ そのことをしたいことを表す。（希望）
エ 例としてあげることを表す。（例示）
オ そうと言い切ることや決めることを表す。（断定）
カ さそうことを表す。（勧誘）
キ 打ち消しの意志を表す。
ク 他から働きかけてあることをさせることを表す。（使役）
ケ そのようなようすであることを表す。（様態）
コ ていねいに言うことを表す。（ていねい）

1	6
2	7
3	8
4	9
5	10

問題 次の——線部にふくまれる二つの助動詞の意味を「準備練習」のア～コから選び、記号で答えなさい。同じ記号を二回以上答えてもよい。

1 今度二人でお昼ご飯を食べましょう。
2 あの先生は本をたくさん読ませるそうだ。
3 ぼくの分まで食べたそうな顔をしている。
4 入らせまいとさくをもうけている。
5 そういう態度はいけません。

1	2	3	4	5
・	・	・	・	・

ステップ1

文には主語と述語がある。

文の中で、「何が」「だれが」にあたることばを「主語」、「どうする」「どんなだ」「何だ」にあたることばを「述語」といいます。

主語と述語の関係は、次の三つがあります。

主語〔だれが〕 述語〔どうする〕
父がテレビを見る。 → 動作を表す

主語〔何が〕 述語〔どんなだ〕
風がとてもさわやかだ。 → ようすを表す

主語〔だれが〕 述語〔何だ〕
彼がチームのキャプテンだ。 → 何なのかを表す

主語にはかならず名詞がきます。名詞は、人や物の名前を表します。

述語には、動詞・形容詞・形容動詞のほかに、「キャプテンだ」のように名詞＋断定の助動詞「だ」がくることもあります。

↓ やってみよう 1

やってみよう 1

次の文は、――線部が主語で、＝線が述語です。主語と述語の関係がア～ウのどれになるか、記号で答えよう。

① 母が晩ご飯を作る。〔　　〕
② 湖はいつもおだやかだ。〔　　〕
③ 富士山は日本一の山だ。〔　　〕
④ 都会の夜景は美しい。〔　　〕
⑤ 私の得意科目は国語だ。〔　　〕
⑥ ねこがえさを食べる。〔　　〕

ア 何(だれ)がどうする
イ 何(だれ)がどんなだ
ウ 何(だれ)が何だ

答え ①＝ア ②＝イ ③＝ウ ④＝イ ⑤＝ウ ⑥＝ア

♫ 述語が動詞なら「どうする」、形容詞・形容動詞なら「どんなだ」、名詞なら「何だ」になります。

ステップ2 文中の主語と述語を見つけよう。

姉が（主語）祖母に手紙を**書く**（述語）。

文中の主語と述語を見つけるには、**まず述語から探します。**述語はたいてい、文の終わりにきます。「どうする」「どんなだ」「何だ」にあたることばを探します。→「書く」

次に、**述語に応じた主語を探します。**

「書く」のはだれか？ と考える。→「姉が」

「祖母に」や「手紙を」は、ほかのことばを説明しているので、「修飾語」といいます。

ポイント10

文中の主語と述語を見つけるには、まず述語を見つけ、次に述語に応じた主語を探す。

① 述語はたいてい、文の終わりにくる。

② 主語でも述語でもないことば（修飾語）があるので注意する。

やってみよう2

やってみよう2

次の文の主語と述語を探して書こう。

① 彼は　すばらしい　選手だ。
主語〔　　〕　述語〔　　〕

② 兄は　ジュースを　ごくごく　飲んだ。
主語〔　　〕　述語〔　　〕

③ テストは　とても　難しかった。
主語〔　　〕　述語〔　　〕

④ 遊びは　子供にとって　必要だ。
主語〔　　〕　述語〔　　〕

⑤ 山田先生は　上手に　英語を　話す。
主語〔　　〕　述語〔　　〕

答え

① 主語＝彼は　述語＝選手だ

② 主語＝兄は　述語＝飲んだ

③ 主語＝テストは　述語＝難しかった

④ 主語＝遊びは　述語＝必要だ

⑤ 主語＝山田先生は　述語＝話す

♫ まず、「どうする」「どんなだ」「何だ」を表すことばを、文の終わりのほうで探して、その述語に応じた主語を前のほうで探します。

1 次の文章を主語と述語が一つずつの二つの文に直しなさい。

中学生がけったボールが散歩をしているおばあさんにぶつかって、おばあさんがころんだのを見たラジオ体操をしていたおじさんがかけより、おばあさんをだきおこすと、ぼくに中学生を呼びに行かせた。

2 次の――線部の述語を手がかりにして、主語を答えなさい。

1 ぼくは その 話を 知らない。
2 真っ白な 雪が ゆっくり 校庭に 降っている。
3 母が 妹に ハンカチを わたした。
4 今年の 夏は 去年の 暑かった 夏よりも 暑くなりそうだ。

1	2
3	**4**

3 次のア～オから主語のない文をすべて選び、記号で答えなさい。

ア ひまわりがあたり一面にさいている。
イ あ、危ない。
ウ 父もこの学校に通った。
エ おいしいですね、このジュースは。
オ 今すぐ家に帰りなさい。

4 文は、主語と述語の関係で、ア～ウの型に分けられます。あとの文がどの型にあたるか、記号で答えなさい。

ア 何が(は) どうする。
イ 何が(は) どんなだ。
ウ 何が(は) なんだ。

答え➡別冊10ページ

1 子ねこの鳴き声は本当にかわいい。
2 今日の給食はカレーライスだ。
3 父は兄といっしょに野球を見に行った。
4 赤ちゃんが元気よく大きな声で泣く。
5 モーツァルトの曲はとても美しい。
6 君こそリーダーにふさわしい人だ。
7 静かだなあ、この場所は。

1	5
2	6
3	7
4	

5 次の文の主語と述語を答えなさい。あてはまるものがなければ×で答えなさい。

1 ぼくの　妹は　ピアノを　ひくのが　とても　上手だ。
2 きれいな　水が　小川を　流れる。
3 すごいなあ、　君の　成績(せいせき)は。
4 貯金箱(ちょきんばこ)には　百円しか　ない。
5 急に　はげしい　雨が　降(ふ)ってきた。
6 毎日、　三時間は　勉強している。
7 休日を　のんびりと　すごした。
8 朝顔が　朝　早く　花を　開いた。
9 明日の　天気は　晴れだそうだ。
10 ぼくも　それくらい　わかっているよ。

1	2	3	4	5	6	7	8	9	10
主語	主語	主語	主語	主語	主語	主語	主語	主語	主語
述語	述語	述語	述語	述語	述語	述語	述語	述語	述語

5 文と文のつながり①ー重文・接続詞

ステップ1

重文には、対等な関係の二つの文がある。

前の節で見たような「主語＋述語」が一つある文を「単文」といいます。それでは、次の文の中には、「主語＋述語」はいくつあるでしょうか。

ぼくは（主語） 小学生で、（述語） 兄は（主語） 中学生だ。（述語）

この文は、「ぼくは小学生だ」と「兄は中学生だ」という対等な関係にある文を一つにつなげたものです。このように、一つの文の中に対等な関係の文が二つある文を「重文」といいます。

↓ やってみよう 1

ステップ2

接続詞は文と文、ことばとことばをつなぐ働きをする。

文と文をつなぐときに、「だから」「しかし」などのことばを使うことがあります。このような文と文をつなぐことばを「接続詞」といいます。

やってみよう 1

次の文の中にある主語に——線を、述語に═線を引いてみよう。また、文が単文ならア、重文ならイを〔　〕に答えよう。

① 毎朝、父は 散歩する。〔　〕

② 風が 吹き、木々が ざわめく。〔　〕

③ この 本は、とても おもしろい。〔　〕

④ 日は しずみ、月が のぼる。〔　〕

⑤ 山田君は 水泳部で、田中君は サッカー部だ。〔　〕

答え

①＝毎朝、父は 散歩する。〔ア〕

②＝風が 吹き、木々が ざわめく。〔イ〕

③＝この 本は、とても おもしろい。〔ア〕

④＝日は しずみ、月が のぼる。〔イ〕

⑤＝山田君は 水泳部で、田中君は サッカー部だ。〔イ〕

♫ ①③の文は、「主語＋述語」が一つ、②④⑤の文は、対等な関係の「主語＋述語」が二つあります。

きのうは大雨だった。**だから**（接続詞）運動会は中止になった。

接続詞は、単語と単語をつなぐはたらきもします。

ボールペン **または**（接続詞）フェルトペンで書いてください。

ポイント11 接続詞には次の八種類がある。

① **順接**「だから・そこで・すると（など）」…結果を述べる。
② **逆接**「しかし・けれども（など）」…反対のことを述べる。
③ **説明**「つまり・すなわち（など）」…言いかえて説明する。
④ **補足**「なぜなら・ただし（など）」…理由などを補う。
⑤ **添加**「さらに・しかも・そのうえ（など）」…つけ加える。
⑥ **並立**「また・および・ならびに（など）」…等しく並べる。
⑦ **転換**「さて・ところで・では（など）」…話題をかえる。
⑧ **選択**「それとも・あるいは・または（など）」…どちらか選ぶ。

↓ やってみよう2

やってみよう2

次の文の〔　〕に入る接続詞を、あとの□の中から選んで答えよう。

① 夕べは夜ふかしした。〔　〕、朝寝坊してしまった。
② テストで　つもまちがえなかった。〔　〕、満点だったのだ。
③ 練習はきびしい。〔　〕、やらなければいけない。
④ 駅からバス〔　〕タクシーに乗ってください。
⑤ 今日は学校を休んだ。〔　〕、カゼをひいたからだ。

しかし　または　だから　つまり　なぜなら

答え
①＝だから　②＝つまり　③＝しかし
④＝または　⑤＝なぜなら

♫
① 前の文から導かれた結果を述べています。
② 前の文の内容を言いかえて説明しています。
③ 前の文とは反対のことを述べています。
④ どちらかを選ぶように言っています。
⑤ 前の文の理由を補っています。

練習問題　文と文のつながり①――重文・接続詞

答え➡別冊11ページ

1 次の□にふさわしい接続詞をあとのア〜エから選び、記号で答えなさい。

中学生がけったボールが散歩をしているおばあさんにぶつかった。□、おばあさんがころんだのを見たラジオ体操をしていたおじさんがかけより、おばあさんをだきおこすと、ぼくに中学生を呼びに行かせた。

ア　すなわち　　イ　しかし　　ウ　すると　　エ　ただし

□

2 次の文の続きを、1・2の出だしで作りなさい。

今年の夏は、梅雨が長びき、雨が多かった。

1 しかし、夏の終わりから

□

2 しかも、夏の終わりから

□

3 例にならって、①と②の文を一文に直しなさい。

例 ① 姉は本を読んでいる。　② 弟は絵をかいている。
→姉は本を読んでいて、弟は絵をかいている。

1 ① 風がふく。　② 雨が降る。

2 ① さわやかな風がふく。　② 波の音が聞こえる。

1	2

4 例にならって、①と②の文を一文に直しなさい。

例 ① 雨が降った。　② 遠足が中止になった。
→雨が降り、遠足が中止になった。

1 ① 寒さがやわらいだ。　② 春が近づいてきた。

2 ① テストの成績が良い。　② 弟は得意顔だ。

1	2

5 次の〔　　〕にあてはまることばをあとの［　］から選び、答えなさい。

1 雨があがった。〔　　〕、遠くの島が見えてきた。

2 いろいろな犬がいる。〔　　〕、チワワやブルドッグなどだ。

3 人々はいっせいに席を立った。〔　　〕、彼だけは動かなかった。

4 彼女はうそつきで、〔　　〕、いじわるだ。

5 電車が事故で止まっていた。〔　　〕、学校に遅刻してしまった。

6 今度の休みは遊園地に行こうか、〔　　〕、動物園に行こうか。

7 郵便局に行って、〔　　〕、待ち合わせ場所に行く。

だから	しかも	たとえば	しかし	それから
すると	それとも			

1	2	3	4	5	6	7

6 次の文章中の〔　　〕にあてはまることばをあとの［　］から選び、答えなさい。

数を数えたり、計算をしたりするには、自分の頭を使えばよい。〔 1 〕、私たちの頭では、早く正確に計算するには限界がある。〔 2 〕、頭の代わりにコンピューターを使うのだ。〔 3 〕、コンピューターの性能をあげればあげるほど、複雑で大量な計算がすぐにできるようになる。〔 4 〕、そろばんや電卓のように、かつては最新の機能だったものが、いまではとうていかなわないくらい、コンピューターは進化してきた。〔 5 〕、コンピューターの話はこれくらいにして、ほかの機械についても見てみよう。

たとえば	さて	そのうえ	しかし	そこで

1	2	3	4	5

文と文のつながり② ― 複文・修飾語

ステップ1

複文には、対等な関係でない二つの文がある。

重文の中には、対等な関係の文が二つありました。では、次の文の中にある二つの文はどのような関係でしょうか。

主語　　述語　　主語　　述語
チームが　負けたので、ぼくは　くやしかった。

この文は、「ぼくはくやしかった」が文の中心になっていて、「チームが負けたので」は、その理由を補っています。このように、**対等な関係でない二つの文がある文を、「複文」**といいます。

主語　主語　述語　述語
私は、彼は　正しいと　思います。

この文の中心となる「主語＋述語」は、「私は」「思います」です。もう一つの文の「彼は」「正しいと」は、私が思った内容をくわしく説明しています。**二つの文の関係は対等ではない**ので、この文も複文になります。

↓ やってみよう1

やってみよう1

次の文の中にある主語には―線を、述語には＝線を引いてみよう。また、例にならって、対応する主語と述語を線でつないでみよう。

[例]　おなかが　いたかったので、私は　学校を　休んだ。

① 雨が　降ったので、試合は　中止になった。

② 私は　彼女が　努力していることを　知っている。

③ 人が　どんなことを　言っても、私は　くじけません。

答え

① 雨が　降ったので、試合は　中止になった。

② 私は　彼女が　努力していることを　知っている。

③ 人が　どんなことを　言っても、私は　くじけません。

②のように、対応している主語と述語がはなれている場合があるので注意しよう。

ステップ2

複文には修飾することばと修飾されることばがある。

複文には、ほかに次のようなパターンがあります。

① 私の 買った シャツは 青色です。
（主語 述語 → 主語 ／ 述語）

② これは 父が 使っている カメラです。
（主語 ／ 主語 述語 → 述語）

①の文は、「私の買った」→「シャツは」
②の文は、「父が使っている」→「カメラです」
というように、あとのことばをくわしく説明しています。このように、**ほかのことばをくわしく説明することばを「修飾語(部)」といい、修飾されることばを「被修飾語(部)」**といいます。

ポイント12 複文には修飾と被修飾の関係がある。

修飾部 → 被修飾語
私の 買った シャツは 青色です。

↓ やってみよう2

やってみよう2

次の文の――線部を修飾している「主語＋述語」に、〰〰線を引いてみよう。

① 私が 好きな 映画は、「となりのトトロ」です。
② あれは、吉川さんが 飼っている 犬です。
③ 母が つくる カレーは、とても おいしい。
④ これは、私が 解いた 問題です。
⑤ 髪の 長い 女の子が、私の 妹です。

答え ①＝私が 好きな ②＝吉川さんが 飼っている ③＝母が つくる ④＝私が 解いた ⑤＝髪の 長い

♫
①「私が好きな映画は」で、文全体の主語になっています。
②「吉川さんが飼っている犬です」で、文全体の述語になっています。
③「母がつくるカレーは」で、文全体の主語になっています。
④「私が解いた問題です」で、文全体の述語になっています。
⑤「髪の長い女の子が」で、文全体の主語になっています。

練習問題　文と文のつながり②――複文・修飾語

1 準備練習

次の文の主語と述語を答え、さらに、主語を修飾する部分を答えなさい。ない場合は×を答えなさい。

1 一郎くんが　飼っている　犬は　とても　かわいい。

2 母が　買ってきた　本は　とても　おもしろい。

3 友だちは　試合が　終わるころに　やってきた。

	1	2	3
主語			
述語			

主語を修飾する部分

1	2	3

問題

①の文に、②の文を修飾部として合わせて一文にしなさい。

1 ① ぼくはがんばって勉強したが、テストの結果は悪かった。
② 先生がテストを返してくれた。

2 ① 父は毎日、ぼくの宿題を見てくれている。
② 父は帰りがおそい。

3 ① 中学生が公園でサッカーをしている。
② 公園ではサッカーが禁止されている。

1	2	3

答え➡別冊12ページ

2

次の文の――線部のことばがどのことばを修飾しているか答えなさい。

1 あの　赤い　屋根の　家が　ぼくの　家です。

2 ゆうべ　かみなりが　公園の　大きな　木に　落ちた。

3 すくすくと　タケノコが　大きく　のびる。

4 びっくりするくらい　大きな　音を　出した　車が　走っている。

5 秋が　ゆっくりと　日本列島に　やってきた。

1	2	3	4	5

3

次の文で――線部を修飾していることばをすべて答えなさい。

1 とつぜん　おとなしい　姉が　かんかんに　おこり出した。

2 きれいな　花が　野山じゅうに　いっぱい　さいた。

3 工事は　岩の　ぶ厚(あつ)い　かたまりに　ぶつかって　中断(ちゅうだん)した。

1	2	3

7 ことばの働きを助けることば②ー助詞

ステップ1

助詞は、ほかのことばのあとについて、意味をつけ加える。

助詞には、名詞や動詞などの下について、さまざまな意味をつけ加えたり、ことばとことばの関係を示す働きがあります。

・助動詞と同じように、必ずほかのことばといっしょに使われます。

・活用をしないので、形は変わりません。

① 弟が（助詞） 学校に（助詞） 行く。

② あなたも（助詞） 知って（助詞） いますか（助詞）。

①「が」＝名詞「弟」について、主語を表します。

「に」＝名詞「学校」について、行き先を表します。

②「も」＝名詞「あなた」について、主語を表します。

「て」＝動詞「知る」の活用した形について、あとの動詞「いる」とつないでいます。

「か」＝助動詞「ます」について、疑問の意味をつけ加えています。

↓ やってみよう1

やってみよう1

次の文にある助詞をすべてぬき出して答えよう。

① ひまわりの 種を 植える。 〔　　〕

② 父が 車を 運転して いる。 〔　　〕

③ あなたは、 どこに 行きますか。 〔　　〕

④ 私も、 よく妹と けんかを します。 〔　　〕

⑤ つかれたから、 ひと休み しようよ。 〔　　〕

答え ①＝の・を ②＝が・を・て ③＝は・に・か ④＝も・と・を ⑤＝から・よ

♫ 助詞の前には、必ず名詞や動詞などがあることに注意しよう。⑤「から」は理由を言っていることを表します。「よ」は、話し手の気持ちを表しています。

ステップ2 助詞には次の四種類がある。

① 格助詞「が・を・に・と・で・から・より・へ・の・や」(など)
おもに名詞について、ことばとことばの関係を示す。

② 接続助詞「し・て(で)・ても(でも)・ながら・つつ・から・ので・ば・と・けれど(けれども)・が・のに・ものの・たり(だり)・なり」(など)
動詞や助動詞などのあとについて、次のことばをつなぐ。

③ 副助詞「ほど・くらい(ぐらい)・ばかり・だけ・きり・まで・など・か・は・も・こそ・でも・さえ・しか・すら」(など)
いろいろな語について、意味をつけ加える。

④ 終助詞「ぞ・か・の・な・なあ・ね(ねえ)・わ・よ」(など)
おもに文の終わりについて、話し手の気持ちを表す。

ポイント13
助詞は必ずほかのことばの下について、さまざまな意味をつけ加える。

① 弟が(格助詞) 学校に(格助詞) 行く。

② あなたも(副助詞) 知って(接続助詞) いますか(終助詞)。

やってみよう2

次の文の――線部の助詞は、どのような意味をつけ加えているか、あとのア~オからふさわしいものを選ぼう。

① 庭でねこが鳴いています。〔　　〕
② 今、祖母への手紙を書いています。〔　　〕
③ 今度はいっしょに遊園地に行こうね。〔　　〕
④ 野菜の中で、トマトだけはきらいだ。〔　　〕
⑤ 山から強い風が吹いてくる。〔　　〕

ア 話し手が相手に念を押す気持ちを表している。
イ 方向を表している。
ウ 動作を行っているものが何かを表している。
エ 一つの物に限定する意味を表している。
オ 動作が行われている途中だということを表している。

答え ①=ウ ②=オ ③=ア ④=エ ⑤=イ

①=格助詞 ②=接続助詞 ③=終助詞 ④=副助詞 ⑤=格助詞

答え➡別冊12ページ

1 次の——線部の助詞と同じ意味の助詞をふくむ文を、ア〜ウから選び、記号で答えなさい。

公園でサッカーをするのは危ないことくらい小学生のぼくにさえわかる。

[1] で
- ア 雨で遠足が中止になった。
- イ 図書館でさわいではいけません。
- ウ 一年で十センチ背がのびた。

[2] を
- ア 多摩川をこえると東京だ。
- イ 弟が本を読んでいる。
- ウ 早朝に家を出た。

[3] の
- ア 母は運動をするのが好きだ。
- イ 犬の鳴く声がうるさい。
- ウ 兄のつりざおを勝手に使ってしかられた。

[4] くらい
- ア 一万円くらいの品だ。
- イ 十人くらいなら泊まれる。
- ウ 部屋のそうじくらい自分でしなさい。

[1]	[2]	[3]	[4]

2 次の〔　〕にあてはまる助詞を、［　］から選び、答えなさい。すべてのことばを一回ずつ答えること。

今日〔[1]〕友だちと、初めてプロ野球を見に行きます。ずっと前〔[2]〕楽しみにしていました。試合が行われるのは屋根つき〔[3]〕球場です。友だちは「おうえんしているチーム〔[4]〕勝つといい〔[5]〕」〔[6]〕、みんな〔[7]〕言っています。ぼく〔[8]〕目の前でおうえんしているチームのホームランが見たい〔[9]〕と思っ〔[10]〕います。

［なあ　に　ね　の　が　から　が　は　て　と　も］

[1]	[2]	[3]
[4]	**[5]**	**[6]**
[7]	**[8]**	**[9]**
[10]		

3 次の──線部の助詞がつけ加えている意味としてふさわしいものをア・イから選び、記号で答えなさい。

1 小学生のぼくにさえわかる問題だ。
ア 中学生以上の人なら当然わかる。
イ 小学生以外の人にはわからない。

2 ごはんさえあれば、満足だ。
ア ごはんだけ。ほかは考えない。
イ ごはんだけしか食べられない。

3 まじめな祖父にまで笑われてしまった。
ア 祖父以外の家族は笑わなかった。
イ 祖父以外の家族も当然笑った。

4 成績優秀者として発表されるまでになった。
ア だいたいそのくらいの程度だ。
イ そこまで到達した。

5 大人でも頭をなやます問題だ。
ア 子どもならなおさらだ。
イ 子どもならわかるかもしれない。

6 公園まで散歩でもしようか。
ア だいたいのこと。ほかのことでもよい。
イ あれもこれもしたいが、ひとまず。

1	6

2	3	4	5

4 次の──線部の助詞と同じ意味の助詞をふくむ文を、ア〜ウから選び、記号で答えなさい。

1 自分のことばかり話している。
ア たった今、空港に着いたばかりだ。
イ 夕飯まではまだ二時間ばかりある。
ウ 毎日、ゲームばかりやっている。

2 学校に行くとクラスのみんなはすでに勉強していた。
ア 母の顔を見ると気持ちが楽になった。
イ 父といっしょに海で泳いだ。
ウ ぼくと仲良くしてほしい。

3 ぼくは、走るのが好きだ。
ア 姉の歌声はとてもきれいだ。
イ 風の強い場所だ。
ウ 弟はねるのがとても早い。

4 のどがかわいたから何か飲みたい。
ア このノートはだれのですか。
イ 本番までの日にちもわずかだ。
ウ だれかに教えてもらおう。

1	2	3	4

8 ほかのことばを飾ることば―副詞・連体詞

ステップ1

副詞はおもに用言を修飾する。

副詞は、おもに用言（動詞・形容詞・形容動詞）を修飾し、程度や状態をくわしく説明します。

① 程度　とても　すばらしい。
② 状態　ゆっくり　歩く。

あとのことばが決まった言い方になる（呼応する）副詞もあります。

③ 呼応　けっして　うそをつかない。

ポイント14

呼応の副詞は、あとにくることばが決まっている。

- 打ち消し……けっして・少しも・とうてい→〜ない
- たとえ……まるで・ちょうど→〜ように
- 仮定……たとえ→〜ても　もし→〜たら
- 打ち消し推量…まさか→〜ないだろう・〜まい
- 願望……どうか・ぜひ→〜ください

やってみよう 1

次の文の――線部のことばに注意して、□にふさわしい副詞を、あとのア〜オから選ぼう。

① □宝石のように星がかがやく。（　）
② ぼくは□あきらめない。（　）
③ □失敗したら、どうしようか。（　）
④ □私に協力してください。（　）
⑤ □彼は裏切らないだろう。（　）

ア もし　イ まさか　ウ けっして　エ どうか　オ まるで

答え　①＝オ　②＝ウ　③＝ア　④＝エ　⑤＝イ

①は、星のかがやきをたとえています。②は、打ち消しています。③は、失敗することを仮定しています。④は、お願いをしています。⑤は、打ち消しの推量をしています。

↓ やってみよう 1

ステップ2 連体詞は体言の前につく。

連体詞は、必ず体言(名詞)の前につきます。活用はしません。

①「この・その・あの・どの」
②「ある・いわゆる・あらゆる・いかなる」
③「大きな・小さな・おかしな」
④「わが・たいした・とんだ」

① あの 人はだれですか。
② それは、ある 町の出来事でした。
③ 大きな 魚をつりあげた。
④ 彼は たいした 男だ。

③「大きな」は、「〜な」という形をしていますが、形容動詞ではありません。形容動詞なら、言い切りの形が「〜だ」となりますが、「大きだ」とは言いません。

↓ やってみよう 2

やってみよう 2

次の文の中にある連体詞をすべてぬき出してみよう。

① この店のおすすめは、どの料理ですか。〔　　　〕
② 私は小さな犬を飼っています。〔　　　〕
③ 外国を旅行して、とんだ目に会った。〔　　　〕
④ あらゆる場合の対策を立てる。〔　　　〕
⑤ おかしなことを言わないでください。〔　　　〕

答え ①＝この　どの　②＝小さな　③＝とんだ　④＝あらゆる　⑤＝おかしな

♫ ③「とんだ」は、思いもかけない、取り返しのつかない、大変ななどの意味です。

練習問題　ほかのことばを飾(かざ)ることば――副詞(ふくし)・連体詞(れんたいし)

答え➡別冊13ページ

1

準備練習　次の――線部①・②のことばは、どちらが「副詞」でどちらが「連体詞」か答えなさい。

おばあさんにボールをぶつけた中学生は①おずおずと近づいてきた。ぶつけられた方にとっては②とんだ災難(さいなん)だった。

①	②

問題　次の文章から[1]副詞と[2]連体詞をぬき出して答えなさい。

その中学生の顔は少し青ざめていた。ころんだおばあさんはかなり痛(いた)そうなようすだったが、おじさんにつかまってゆっくりと立ち上がった。ところが、急ににっこりとほほえんで、うなだれる中学生に向かってやさしい声で「気にしなくても大丈夫(だいじょうぶ)。」と話しかけた。心配して集まった人たちはほっと胸(むね)をなでおろした。

[1]	[2]

2

次の――線部の副詞(ふくし)を「状態(じょうたい)の副詞」と「程度(ていど)の副詞」に分けて、記号で答えなさい。

ア　氷にそっと足をのせる。　　イ　きわめて苦しい戦いだ。
ウ　たいそう大きな荷物だ。　　エ　さっさと学校に行け。
オ　コロッと立場を変える。　　カ　けっこうかわいい男の子。

状態(じょうたい)の副詞（どのように～するのか）のグループ

程度(ていど)の副詞（どのぐらい～なのか）のグループ

3

準備練習　次の――線部のことばがどのことばを修飾(しゅうしょく)しているか、ぬき出して答えなさい。

[1]　まさか　日本代表が　負ける　ことは　あるまい。
[2]　へびが　草むらの　中から　とつぜん　出てきた。
[3]　満天(まんてん)の　星空は　とても　きれいな　空だった。
[4]　もし　病院が　休みだったら　どうしよう。

1	3
2	4

問題 次の――線部に注意して、□にふさわしいことばを答えなさい。□一つで一字とします。

1 まさか負けることはある□□。
2 たとえ何があろう□□、けっしてにげ□□。
3 おそらく来年は優勝できる□□□。
4 そんな大役は、ぼくにはとてもでき□□。

1	3
2	4

4

次の――線部のことばを══線のことばに呼応するように直しなさい。

1 台風のときは川のそばには、けっして近づく。
2 たぶん明日は雪が降る。
3 どうぞ早く来なさい。
4 ぼくは君の意見にかならずしも賛成だ。
5 富士山はまるでプリンの形をしている。

1	3	5
2	4	

5

次の――線部のうち連体詞ではないものを答えなさい。どちらも連体詞のときは○で答えなさい。

1 大きな家だが、大きいわりにはそれほど高価ではない。
2 例のうわさが広まって、あらゆるところで笑われた。
3 客席にとんできたボールにあたって、とんだ災難だった。
4 あんな言い方をしてしまったことを、あの人はゆるしてくれるだろうか。
5 わがチームはきたる秋の大会に出場します。

1	3	5
2	4	

9 相手をうやまうことば①―尊敬語

ステップ1

尊敬語にはおもに三種類の言い方がある。

相手や話題にしている人物の動作を高めて、うやまう気持ちを表す敬語を、「尊敬語」といいます。

・お客様が食べる。→お客様がめしあがる。

尊敬語には、次の三種類の言い方があります。

① 尊敬の意味をもつ動詞

いらっしゃる（行く・来る・いる）　なさる（する）

おっしゃる（言う・話す）　めしあがる（食べる）

ごらんになる（見る）　くださる（くれる）

② 「お（ご）〜になる」の形

「お（ご）」と「になる」の間に動詞をはさんで用います。

お話しになる（話す）　お書きになる（書く）

③ 「〜れる・〜られる」の形

動詞のあとに、助動詞「れる・られる」をつけます。

話される（話す）　来られる（来る）

やってみよう 1

やってみよう 1

次の文に使われている尊敬語をぬき出して答えよう。

① 先生が体育館で講演をなさる。〔　　〕

② お客様は、午後三時にいらっしゃる予定です。〔　　〕

③ おっしゃることはよくわかりました。〔　　〕

④ 先生が生徒たちにクッキーをくださる。〔　　〕

⑤ お客様はタクシーにお乗りになる。〔　　〕

⑥ 部長が出張に行かれるのはいつですか。〔　　〕

答え ①＝なさる　②＝いらっしゃる　③＝おっしゃる　④＝くださる　⑤＝お乗りになる　⑥＝行かれる

尊敬語は相手の動作を高めて言うので、相手の動作に着目しよう。

ステップ2

そのほかの尊敬語の表現も覚えよう。

① 相手の人や物に敬意をこめて話すときは、名詞の頭に「お」「ご」をつけたり、最後に「様」をつけたりします。

お手紙　ご両親　山田様
貴校　御社

② 「お(ご)〜なさる」「お(ご)〜くださる」という言い方もあります。「なさる」は「する」の尊敬語、「くださる」は「くれる」の尊敬語です。

お客様がお休みなさる。
先生がご指導くださる。

ポイント15

敬語は重ねて使いすぎないように注意しよう。

× 先生がテストの答案をご覧になっていらっしゃいます。
○ 先生がテストの答案をご覧になっています。

やってみよう2

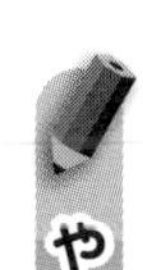

やってみよう 2

次の文の内容を尊敬語を用いて表したとき、もっともふさわしい言い方を、ア〜エから選ぼう。

① 先生が私に手紙をくれたこと。　〔　　〕
ア 先生が私にお手紙をくれました。
イ 先生が私にご手紙をくださいました。
ウ 先生が私にお手紙をくださいました。
エ 先生が私にお手紙をおくれになりました。

② 相手の両親によろしく伝えてくれと言うとき。　〔　　〕
ア ご両親にもよろしく伝えてください。
イ ご両親にもよろしく伝えられてください。
ウ お両親にもよろしくお伝えください。
エ ご両親にもよろしくお伝えください。

③ 部屋をお客が使っていることを言うとき。　〔　　〕
ア この部屋は、お客様が使っています。
イ この部屋は、お客様がお使いになっています。
ウ この部屋は、お客様がお使いになられています。
エ この部屋は、お客様がお使いになっていらっしゃいます。

答え ①＝ウ　②＝エ　③＝イ

♫ ①は「お手紙」「くださる」が、②は「ご両親」「お伝えください」が正しい表現です。③のウ・エは、敬語を重ねて使いすぎています。

10 相手をうやまうことば②―謙譲語

ステップ1

謙譲語には二種類の言い方がある。

自分の動作をへりくだって表現することで、相手を高めて、うやまう気持ちを表す敬語を、「謙譲語」といいます。

・私が言います。→私が申し上げます。

謙譲語には、次の二種類の言い方があります。

① **謙譲の意味をもつ動詞**

参る・うかがう（行く・来る）　する（いたす）
申す・申し上げる（言う・話す）　いただく（食べる）
拝見する（見る）　いただく（もらう）

② 「お（ご）～する」の形

「お（ご）」と「する」の間に動詞をはさんで用います。

お待ちする（待つ）　ご説明する（説明する）

↓ やってみよう 1

ステップ2

そのほかの謙譲語の表現を覚えよう。

やってみよう 1

次の文に使われている謙譲語をぬき出して、例にならって言い切りの形で書こう。

［例］もう朝食はいただきました。→いただく

① おっしゃるとおりにいたします。〔　　　〕
② 来週、先生のお宅に参ります。〔　　　〕
③ お手紙を拝見しました。〔　　　〕
④ 心よりお礼を申し上げます。〔　　　〕
⑤ 温かいお言葉をいただきまして、ありがとうございます。〔　　　〕

答え ①＝いたす　②＝参る　③＝拝見する
④＝申し上げる　⑤＝いただく

♫ ①は「する」の謙譲語、②は「行く」の謙譲語、③は「見る」の謙譲語、④は「言う」の謙譲語、⑤は「もらう」の謙譲語です。

① 自分や自分に関することをへりくだって話すときは、名詞の頭に「お」「ご」をつけたり、名詞のあとに「ども」をつけたりします。

先生にお手紙をさしあげる。　皆様（みなさま）にご提案（ていあん）があります。

わたくしども　愚息（ぐそく）（息子）　弊社（へいしゃ）（自分の会社）

② 「お（ご）～申し上げる」「お（ご）～いたす」「お（ご）～いただく」という言い方もあります。「申し上げる」は「言う」の謙譲語、「いたす」は「する」の謙譲語、「いただく」は「もらう」の謙譲語です。

私がお答え申し上げます。

案内状（あんないじょう）をお送りいたします。

ぜひ私の本をお読みいただきたい。

ポイント16

自分自身や家族などの身内の者には謙譲（けんじょうご）語を使うようにしましょう。

× 母がおっしゃっています。

○ 母が申しております。

やってみよう 2

次の□に謙譲語としてふさわしいことばを、ア～エから選ぼう。

① すべて、わたくし□の責任（せきにん）です。〔　〕

ア など　イ たち　ウ ら　エ ども

② くわしいことは、こちらからお知らせ□。〔　〕

ア いたします　イ いただきます　ウ なさいます　エ くださいます

③ 父が先生にぜひお会いしたいと□おります。〔　〕

ア 言って　イ おっしゃって　ウ 申して　エ お話しして

④ お送りいただいた果物（くだもの）は家族みんなで□ました。〔　〕

ア 食べ　イ いただき　ウ めしあがり　エ もらい

答え ①＝エ　②＝ア　③＝ウ　④＝イ

③「父」、④「家族」は身内の者なので、謙譲語を用います。

練習問題1 相手をうやまうことば——尊敬語・謙譲語①

答え➡別冊14ページ

1

準備練習 次の（　）にふさわしいことばを□から選んで答えなさい。

尊敬語＝（ 1 ）の行動を表すことば
相手を（ 2 ）にして、相手に敬意を表す。

謙譲語＝（ 3 ）の行動を表すことば
自分を（ 4 ）にして、相手に敬意を表す。

相手　自分や自分側の人　高めることば　低めることば

1	2
3	**4**

問題 次の各文は尊敬語あるいは謙譲語のどちらで表すのがふさわしいか答えなさい。

1 校長先生はぼくの作品を見た。
2 ぼくは校長先生の作品を見た。
3 ぼくの父は校長先生の作品を見た。

1	2
3	

2

準備練習 次の（　）にふさわしいことばを□から選んで、表を完成させなさい。

尊敬語の動詞	ふつうのことば	謙譲語の動詞
いらっしゃる	行く	参る
いらっしゃる	来る	（ 1 ）
いらっしゃる	（ 2 ）	おる
なさる	（ 3 ）	いたす
（ 4 ）	言う	申す・申し上げる
ご覧になる	（ 5 ）	拝見する
めしあがる	（ 6 ）	いただく
×	聞く	（ 7 ）
×	（ 8 ）	うかがう
（ 9 ）	くれる	×
×	（ 10 ）	いただく

うかがう　参る　おっしゃる　くださる　たずねる
見る　いる　する　食べる・飲む　もらう

1	3	5	7	9
2	4	6	8	10

問題 次の――線部の敬語を正しく直し、すべてひらがなで答えなさい。

1 あなたがぼくにくれたこの手紙を大切にしています。
2 国王が美術館（びじゅつかん）で絵を拝見（はいけん）しています。
3 国王は今朝パンケーキをいただきました。
4 院長先生、おりましたら会議室までおいでください。
5 先生が我が家に参りました。
6 父が先生のお考えをお聞きになりたがっています。

1	3	5
2	4	6

3

次の文の――線部を（　）に指示（しじ）された尊敬語に直しなさい。

1 校長先生が開会式であいさつする。（ご～くださる）
2 女王が外国訪問に行く。（～れる）
3 社長が部下に最新技術（ぎじゅつ）について質問（しつもん）する。（ご～なさる）
4 おじいさまがそろそろ帰る。（お～なる）

1	3
2	4

4

あとの□のことばを次の1～3に分けて、書きなさい。

1 頭に「お」をつけて尊敬語になるもの
2 頭に「ご」をつけて尊敬語になるもの
3 どちらもふさわしくないもの

話　頭　体　顔　手　指　声　手紙　電話
意見　考え　質問　車　電車　飛行機　となり
むかい

1	2	3

練習問題② 相手をうやまうことば――尊敬語・謙譲語②

答え➡別冊14ページ

1 準備練習 次の――線部を1「尊敬語」と2「謙譲語」に分け、記号で答えなさい。

ア あなたがご覧になったのはピカソの絵です。
イ 姉はおばに手編みのマフラーを差し上げた。
ウ お客様のご希望をうかがいます。
エ 先生からいただいたお手紙を拝見しました。
オ どうぞ、めしあがれ。

1	2

問題 次の――線部を謙譲語に直しなさい。

1 家族でおいしく食べました。
2 お客様のお荷物を運んであげて。
3 来週、先生のご自宅に行く。
4 先生の作品を見る。

1	3
2	4

2 準備練習 次の――線部を尊敬語または謙譲語のふさわしいほうに直しなさい。

1 ① 先生がここに来るのですか。
② 私がここに来る方がいいですか。
2 ① 先生がぼくにあいさつをする。
② 私は先生にあいさつをします。
3 ① 先生はケーキを食べる。
② 私はケーキを食べる。
4 ① 先生がみんなに意見を言う。
② 私が先生に意見を言う。

1	2	3	4
①	①	①	①
②	②	②	②

問題　次の――線部を正しい敬語に直しなさい。

1 母が先生にお会いしたいとおっしゃっています。
2 来週、お茶の先生のお宅にいらっしゃる予定です。
3 お客様はどちらから参ったのですか。
4 おみやげのお菓子は弟とありがたくめしあがりました。
5 先生は私の話をうかがってうなずいた。
6 生徒が学校内をご案内なさった。

1	3	5
2	4	6

3

次の――線部のことばを、前に「お」か「ご」のつく謙譲語に直しなさい。

1 私からみなさまに説明します。
2 後ろから先生のお名前を呼んだ。
3 バーベキューの道具はこちらで用意します。
4 お客様の荷物を持つ。

1	3
2	4

4

次の〔　〕に（　）内の字数のひらがなのことばを入れて、正しい敬語にしなさい。

すっかり暖（あたた）かくなって〔 1 〕(3)ました。おばさん、お元気で〔 2 〕(6)ますか。私はとても元気です。春休みになったら、家族そろってごあいさつに〔 3 〕(4)たいと母が〔 4 〕(3)ておりました。

1	2	3	4

仕上げの問題①

1 次の各文を[1]「単文（たんぶん）」、[2]「重文」、[3]「複文（ふくぶん）」に分け、記号で答えなさい。

ア 美しい色の小鳥が、きれいな声で鳴いている。
イ ぼくは父が教えてくれた店に行った。
ウ 日本の国花は桜で、イギリスの国花はバラだそうです。
エ たくさんの人が足早に駅の構内（こうない）を歩いていく。
オ 君は先生の言ったことを守らない。
カ 兄は県の代表だし、弟も選抜選手（せんばつせんしゅ）だ。

[1]	[2]	[3]

2 次の文を読んで、あとの問いに答えなさい。

一郎の　父が　経営（けいえい）する　工場の　社員で、　器用（きよう）に　故障（こしょう）した　道具を　直す　若者が　いました。

[1] この文の主語を答えなさい。
[2] この文の述語を答えなさい。
[3] 「器用に」がどのことばにかかっているか答えなさい。
[4] 「若者が」と同じものを指すことばを答えなさい。
[5] この文は「単文」「重文」「複文」のどれか答えなさい。

[1]	[3]	[5]

[2]	[4]

3 次の〔　〕にふさわしいのは「こと」「もの」「とき」「ところ」「はず」のどれか答えなさい。

[1] 君のそういう〔　　〕が好きだ。
[2] 急いで走っている〔　　〕に転んだ。
[3] 助けてもらった〔　　〕は決して忘れない。
[4] 食事に出された〔　　〕は残さず食べなさい。
[5] 遊びに行く〔　　〕が、雨で行けなかった。

[1]	[3]	[5]

[2]	[4]

答え➡別冊15ページ

4 例にならって□にことばを入れて、図を作りなさい。なお、↓は主語と述語の関係を、←→は修飾と被修飾の関係を表します。

[例] 父は　会社の　社長だ。

父は ↓ 社長だ ← 会社の

1 あそこに　見えるのが　ぼくが　住んでいる　家です。

① → ②（② ← ①）
② ↓ 家です
ぼくが ↓ ③ → 家です

2 来週の　日曜日に　学校で　運動会が　行われる。

① ↓ ②
③ ↓ 行われる ← ②
学校で → 行われる

3 学校の　中に　ぼくが　名前を　知らない　人も　いる。

ぼくが ↓ 知らない ← ①
知らない → 人も
人も ↓ ②
③ → 中に → ②

	1	2	3
①			
②			
③			

仕上げの問題❷

答え➡別冊15ページ

1 次の文にふくまれる意味としてふさわしいものをあとのア～サから選び、記号で答えなさい。

1 今日中に雨はあがるだろう。
2 部屋をかたづけなさい。
3 都が京都から東京に移った。
4 明日からちゃんと勉強しよう。
5 私は医者になりたい。
6 兄は釣りに行ったそうだ。
7 税金はいつから上がるのだろうか。
8 それはぼくのボールだ。

ア 打ち消し　イ 過去　ウ 進行中　エ 推量
オ 伝聞　カ 希望　キ 意志　ク 断定
ケ 疑問　コ 命令　サ 禁止

1	2	3	4

5	6	7	8

2 次の文が（　）の意味になるように――線部を直しなさい。

1 友だちが転校する。（伝聞）
2 大声を出すのをやめる。（命令）
3 わたしはサッカー選手になる。（希望）
4 まちがえたのは、ぼくかもしれない。（断定）
5 ぼくは毎朝ジョギングをする。（意志）
6 母は夕飯を作る。（進行中）
7 明日は快晴だ。（推量）
8 廊下を走る。（禁止）

1	2

3	4

5	6

7	8

3 次の――線部の意味と使い方をア～ウ、ア～エから選び、記号で答えなさい。

1 ① 先生が退職される。 ② 妹が母にしかられる。
③ 昔が思い出される。 ④ 駅までは歩いて行かれる。
ア 助動詞・可能 イ 助動詞・自発（自然に～する）
ウ 助動詞・尊敬 エ 助動詞・受け身

2 ① ぼくのイスがない。 ② 残り時間は少ない。
③ ぼくは知らない。
ア 助動詞・打ち消し イ 形容詞
ウ 形容詞の一部

3 ① おもしろい本を読んだ。 ② 公園の花がきれいだ。
③ ここがぼくの家だ。
ア 助動詞・断定（名詞＋だ） イ 助動詞・過去
ウ 形容動詞の一部

4 ① 真っ青に晴れた空。 ② 昼食を食べたところだ。
③ 父は昨日、外国出張に行った。
ア 助動詞・過去 イ 助動詞・状態（～ている）
ウ 助動詞・完了（今まさに～た）

5 ① 父のくつをみがいてあげた。
② 母は花を飾るのが好きだ。 ③ 犬の鳴く声が聞こえる。
ア 助詞・主語（～が） イ 助詞・修飾語（の＋名詞）
ウ 助詞・名詞の代用（こと・もの）

6 ① 勉強はできるが、運動は苦手だ。
② 足も速いが、ボールあつかいもうまい。
③ 東京でオリンピックが開催される。
ア 助詞・並列（そして） イ 助詞・逆接
ウ 助詞・主語

7 ① いちごと牛乳を買った。 ② 兄と釣りに行った。
③ まずいことになったと思った。
④ 努力して横綱となった力士。
ア 助詞・相手 イ 助詞・並列
ウ 助詞・結果 エ 助詞・引用

	①	②	③	④
1				
2				
3				
4				
5				
6				
7				

入試問題にチャレンジ

1 次の‖線部がかかるのはどこか、記号で答えなさい。

1 あいにく　ア天気が　イ悪かったので　ウ弟は　エ海水浴に　オ行くことが　カできなかった。

2 ア決まったよ、私たちが　イ他校と　ウ公式試合を　エする　オ日が。

3 姉は　アせっかちなので、イ私を　ウ置いて　エ買い物に　オ行ってしまった。

4 私は　イレストランに　ウ行くと　いつも、エ何を　オ注文しようか　カ迷う。

1	2	3	4

（東京・女子聖学院中）

2 次の――線部の「ながら」と同じ使い方のものをあとのア・イから選(えら)び、記号で答えなさい。

1 旗(はた)をふりながらマラソン選手を応援(おうえん)した。

2 うそだと知りながらそのまま見のがした。

3 試合に勝ちながら非難(ひなん)された。

4 テレビを見ながら食事をするのはやめよう。

5 狭(せま)いながら快適(かいてき)な部屋を手に入れた。

ア 疲(つか)れていながらなかなか眠(ねむ)れない。

イ 泣きながらうったえる。

1	2	3	4	5

（兵庫・灘中）

3 次の1～5には、①と②の関係がちがうものが一つあります。それぞれア～エから選び、記号で答えなさい。

1
ア ①見つかる　②見つける
イ ①受かる　②受ける
ウ ①折(お)れる　②折る
エ ①変わる　②変える

2
ア ①行く　②行ける
イ ①読む　②読める
ウ ①着る　②着れる
エ ①掘(ほ)る　②掘れる

3
ア ①くださる　②ください
イ ①みなさる　②みなさい
ウ ①いらっしゃる　②いらっしゃい
エ ①うるさがる　②うるさい

答え➡別冊16ページ

4
ア ①はげむ ②はげみ
イ ①甘(あま)い ②甘み
ウ ①出会う ②出会い
エ ①連れる ②連れ

1	2	3	4

（東京・共立女子中）

4

次の1～5の二つの――線部の関係(かんけい)と同じ関係になっているものを、あとのア～カから選び、記号で答えなさい。記号は各一回しか使えません。

1 この 夏の 感想文コンクールで 姉の 書いた 作品が 入賞(にゅうしょう)した。
2 父は 厳格(げんかく)で きまじめだ。
3 最近(さいきん)の 私の 国語の 成績(せいせき)は すこぶる よい。
4 そんな 高級な 店に よく 毎日 行ける ものだね。
5 妹は 何事に 対しても まじめに がんばって いる。

ア この おかしが よく 売れるのは 安くて おいしいからだ。
イ 先生、おはようございます。
ウ 教室で 楽しく なって ついつい さわいで しまい、先生に しかられた。
エ 母が 編(あ)んだ セーターは とても 暖(あたた)かい。
オ おいしい ものを 食べると 元気に なる 気が する。
カ ここの 川の 流れは 上流に 比べると 少し ゆるやかだ。

1	2	3	4	5

（兵庫・関西学院中学部）

5

次の――線部と同じ性質(せいしつ)のものを、あとのア～オから選び、記号で答えなさい。

1 教室に本がない。
2 近頃(ちかごろ)めっきり涼(すず)しくなった。
3 彼(かれ)の話は大げさだ。
4 私より彼の方が背が高い。
5 大きな力が働(はたら)いた。

ア 十二月はあわただしく過ぎさっていく。
イ あのお店は近所で有名なパティシエがいる店だ。
ウ かすかに揺(ゆ)れるやなぎの木の枝が見える。
エ 名探偵(たんてい)とは常(つね)に冷静(れいせい)でなければならない。
オ もし大人になったら何になりたいだろう。

1	2	3	4	5

（兵庫・須磨学園中）

6

例にならって、次の〔　〕に（　）内の字数のひらがなのことばを入れて、正しい敬語にしなさい。

[例] 見る

① どうぞ、ご自由に〔　　〕(3)下さい。

② お手紙を〔　　〕(4)しました。

1 いる

① 明後日はお宅に〔　　〕(6)ますか。

② 今の時間、母は職場に〔　　〕(2)ます。

2 言う

① 先生が〔　　〕(5)たことを思い出す。

② 私の意見はすべて〔　　〕(5)ました。

3 食べる

① どうぞ〔　　〕(5)て下さい。

② 遠慮なく〔　　〕(4)ます。

	①	②
例	ごらん	はいけん
1		
2		
3		

（神奈川・関東学院六浦中）

7

次の1～3の場面のとき、もっともふさわしい表現をあとのア～エの中から選び、記号で答えなさい。

1 職員室で国語の先生へノートを提出したいとき

ア 桜木先生はいますか。

イ 桜木先生はいられますか。

ウ 桜木先生はいらっしゃいますか。

エ 桜木先生はいらっしゃられますか。

2 保健の先生から食べ物の好ききらいを質問されたとき

ア わたしはニンジンもピーマンも食べれます。

イ わたしはニンジンもピーマンも食べられます。

ウ わたしはニンジンもピーマンも召しあがれます。

エ わたしはニンジンもピーマンも召しあがることができます。

3 習い事のため、クラブ活動を途中で早退することを先生に申し出るとき

ア すみません、時間になりましたので失礼いたします。

イ すみません、約束の時間なので帰らさせていただきます。

ウ すみません、そろそろ約束の時間になったのでお先にどうも。

エ すみません、時間になりましたのでお帰りさせていただきます。

1	2	3

（神奈川・湘南白百合学園中）

8 ある生徒が五人一組の剣道の団体戦メンバーに選ばれました。その結果の報告が次の[1]～[5]です。それぞれ、どのような問いかけに対する答えでしょうか。ふさわしいものを、ア～オから選び、記号で答えなさい。記号は各一回しか使えません。

[1]「ぼくで勝ちました。」
[2]「ぼくなら勝ちました。」
[3]「ぼくは勝ちました。」
[4]「ぼくも勝ちました。」
[5]「ぼくが勝ちました。」

ア「昨日の試合、彼は勝ったみたいだね。君は？」
イ「昨日の試合、一人しか勝てなかったそうだけど、勝ったのはだれ？」
ウ「昨日の試合、チームとしての勝ちが決まったのはだれのところ？」
エ「昨日の試合、勝った人も負けた人もいるみたいだけど、君、どうだった？」
オ「昨日の試合、君は直前に怪我をして、代わりに出た選手が負けてしまったそうだね？」

1	2	3	4	5

（東京・慶應義塾中等部）

9 花子さんが入院し、先生がお見舞いに来ました。次の――線部の敬語が正しければ○を、まちがっていれば正しい敬語に直しなさい。

先生「野原花子さんの病室はどこですか？」
受付「どうぞ二階のナース・ステーションで①うかがってください。」
（病室にて）
先生「花子さん、こんにちは。お見舞いに来ましたよ。」
花子「ありがとうございます。先生、母からの手紙を②拝見しましたか。」
先生「はい。まだしばらく入院するそうですね。お医者さまの③申されることをよく聞いて、ゆっくり休んでください。」
……（中略）……
先生「では、これで帰ります。お母さまにもよろしくね。」
花子「はい。元気になったら登校いたしますので、クラスのみんなにもよろしく④お伝えしてください。登校する前に、また母が⑤お知らせになると思います。」

①	②	③	④	⑤

（東京・雙葉中）

②

● 編著者紹介

海老原 成彦(えびはら なるひこ)

20年以上にわたり、サピックス小学部をはじめとする首都圏の大手進学塾で国語を指導。的確な入試分析と、生徒の学力に親身に寄り添う授業で、数多くの受験生を志望校合格へと導く。筑波大駒場や男女御三家などの最難関中学受験対策はもちろん、低学年生など、幅広い学力レベルの指導を経験。生徒ひとりひとりの能力を引き出し、国語の力を総合的に高めるための授業・教材について見識を磨いてきた。その豊富な経験を活かし、塾の広報担当として受験・子育てイベント会場で多くの保護者からの学習相談を受けた経験も持つ。エデュケーションフロンティア国語科主管。

□ 編集・執筆協力　T.M.H.　足達研太

シグマベスト
中学入試　分野別集中レッスン
国語　漢字・文法力

編著者　海老原成彦
発行者　益井英郎
印刷所　株式会社天理時報社
発行所　株式会社文英堂
〒601-8121　京都市南区上鳥羽大物町28
〒162-0832　東京都新宿区岩戸町17
(代表)03-3269-4231

●落丁・乱丁はおとりかえします。

中学入試

分野別

集中レッスン

国語 漢字・文法力

解答・解説

文英堂

1 訓読みが同じ漢字の使い分け

練習問題 （⇩P.10～15）

1 準備練習 1 イ 2 ア 3 ウ 4 エ
問題 1 臨 2 望 3 望 4 臨

2 準備練習 1 エ 2 イ 3 ウ 4 ア
問題 1 納 2 修 3 収 4 治

3 準備練習 1 ウ 2 ア 3 イ
問題 1 熱 2 厚 3 暑 4 厚

プラスアルファ 4は「心がこもっている」の意味で、「篤い」と書くこともあります。

4 準備練習 1 イ 2 ア 3 ウ
問題 1 努 2 勤 3 務 4 努

5 準備練習 1 イ 2 イ 3 ア 4 ア
問題 1 絶 2 断 3 断 4 絶

チェック 終わらせるという意識が強い場合に「絶」を使います。

プラスアルファ 刃物で布や紙を切る意味では「裁つ」と書きます。

6 準備練習 1 エ 2 ウ 3 イ 4 ア
問題 1 測 2 計 3 量 4 図

プラスアルファ たくらむ意味では「謀る」、意見を求める意味では「諮る」と書きます。

7 準備練習 1 イ 2 ウ 3 ア
問題 1 著 2 現 3 表 4 表

チェック もとは形を持っていなかったものが、形を持って目に見えるようになる場合に「表す」を使います。

プラスアルファ 「表わす」「現わす」「著わす」と書くこともあります。

8 準備練習 1 イ 2 ア 3 ウ
問題 1 映 2 移 3 写 4 映

9 準備練習 1 イ 2 ア 3 イ 4 ア
問題 1 効 2 聞 3 効 4 聞

プラスアルファ 十分によく働く意味では「利く」、念入りに、意識して音や声を耳に入れる意味では「聴く」と書きます。

10 準備練習 1 ウ 2 イ 3 ア
問題 1 空 2 開 3 明 4 空

11 準備練習 1 ア 2 イ 3 ア 4 イ
問題 1 傷 2 痛 3 痛 4 傷

プラスアルファ 人の死を悲しみ、いのる意味では「悼む」と書きます。

12 準備練習 1 イ 2 ア 3 イ 4 ア
問題 1 温 2 暖 3 温 4 暖

2 読みが同じで意味が異なる語の使い分け

練習問題 (⇩P.18〜23)

1
準備練習 1 ア 2 イ 3 ウ
問題 1 追及 2 追求 3 追及 4 追究
✓チェック 悪事や、よくないことの責任や原因を追い求める場合に「追及」を使います。

2
準備練習 1 ウ 2 ア 3 イ
問題 1 関心 2 感心 3 歓心 4 関心

3
準備練習 1 ア 2 イ
問題 1 対象 2 対照
＋プラスアルファ 二つのものがつりあっている、同じ形である意味では「対称」と書きます。

4
準備練習 1 イ 2 イ 3 ア
問題 1 衛星 2 衛生 3 永世

5
準備練習 1 イ 2 ア
問題 1 保証 2 保障
✓チェック 生命や財産、安全や権利を守る場合に「保障」を使います。
＋プラスアルファ 損害をつぐない、うめあわせる意味では「補償」と書きます。

6
準備練習 1 イ 2 ア 3 ウ
問題 1 成算 2 精算 3 清算
✓チェック 終わらせるという意味をふくむ場合に「清算」を使います。

7
準備練習 1 ウ 2 イ 3 ア
問題 1 解放 2 開放 3 快方

8
準備練習 1 ア 2 イ 3 ウ
問題 1 体制 2 大勢 3 態勢 4 体勢

9
準備練習 1 ウ 2 ア 3 イ
問題 1 講演 2 公演 3 好演
✓チェック コウエンと読む語には「公園」「後援」などもあります。

10
準備練習 1 イ 2 ア
問題 1 収集 2 収拾

11
準備練習 1 ア 2 ウ 3 イ
問題 1 機会 2 機械 3 器械
✓チェック 規模が大きく、動力をもっていて、単独で働くものの場合に「機械」を使います。

12
準備練習 1 ウ 2 ア 3 イ
問題 1 厚意 2 好意 3 行為
✓チェック 「厚意」は「ご厚意(御厚意)」の形で使われることが多く、相手に対する尊敬の気持ちがふくまれます。

3 音読みが同じで似た意味の漢字の使い分け

練習問題（⇩P.26〜29）

1 準備練習 1 ウ 2 ア 3 イ
問題 1 卒業 2 引率 3 率先
✓チェック 「率直」の読みは「そっちょく」です。注意しよう。

2 準備練習 1 イ 2 エ 3 ウ 4 ア
問題 1 共感 2 価値観 3 責任感 4 悲観
＋プラスアルファ 〔「感」を用いる熟語〕危機感・使命感・臨場感・読後感・優越感・満足感・正義感など。
〔「観」を用いる熟語〕世界観・人生観・先入観・歴史観など

3 準備練習 1 ア 2 ウ 3 イ 4 エ
問題 1 問答 2 専門 3 難問 4 門

4 準備練習 1 イ 2 ア 3 エ 4 ウ
問題 1 講義 2 議題 3 異議 4 異義
✓チェック とくに「異議（ことなる意見）」と「異義（ことなる意味）」の使い分けに注意しよう。

5 準備練習 1 エ 2 イ 3 ウ 4 ア
問題 1 講習 2 構造 3 講話 4 構想
✓チェック ことばを使って行うことがらに「講」を使います。

6 準備練習 1 イ 2 ウ 3 ア 4 ア
問題 1 複製 2 復元 3 復習 4 複雑

7 準備練習 1 ウ 2 ア 3 エ 4 イ
問題 1 制定 2 製作 3 制約 4 制作
✓チェック とくに「製作」と「制作」の使い分けに注意しよう。

8 準備練習 1 イ 2 ウ 3 ア 4 ウ
問題 1 集積 2 功績 3 積極的 4 戦績
✓チェック 「績」は「成績の績」、「積」は「積極的の積」のように覚えよう。

4 細部をまちがえやすい漢字

練習問題 (⇨P.32〜35)

1 問題 1 発展 2 裏側

チェック 「展」と「裏」の下の部分の形のちがいに注意しよう。「展」の部首は「尸」(しかばね)、「裏」の部首は「衣」(ころも)。

2 問題 1 専門 2 博覧

チェック 「博」の右上の点を忘れないように注意しよう。

3 問題 1 救急 2 蒸発

チェック 「救」の「求」と、「蒸」の「丞」の形や書き方のちがいに注意しよう。

4 問題 1 遺産 2 派遣

チェック 「遺」と「遣」のしんにょう以外の部分をしっかり書き分けよう。

5 問題 1 看病 2 拝見 3 看護

チェック 「看」と「拝」の横画を少なく書かないように注意しよう。

6 問題 1 券売機 2 優勝 3 入場券

チェック 「勝」は「力」、「券」は「刀」、しっかり書き分けよう。

7 問題 1 熱湯 2 安易 3 易者

チェック 「日」の下に横画があるのは「湯」や「場」、ないのは「易」。注意しよう。

8 問題 1 補欠 2 先祖 3 補習

チェック 「衤」(ころもへん)と「礻」(しめすへん)をしっかり書き分けよう。

プラスアルファ 〔ころもへんの漢字〕補・複 〔しめすへんの漢字〕礼・社・祝・神・祖・福

9 問題 1 衆議院 2 対象 3 観衆

チェック 「象」と「衆」の下の部分をしっかり書き分けよう。

10 問題 1 演劇 2 危機感 3 劇的

チェック 「劇」の「虍」の部分と「⺈」をしっかり書き分けよう。

11 問題 1 編物 2 完備 3 続編

チェック 「編」の「冊」、「備」の「用」をしっかり書き分けよう。

12 問題 1 慣用句 2 梅雨 3 習慣

チェック 「慣」の「毌」、「梅」の「毋」をしっかり書き分けよう。

13 問題 1 賞 2 自覚 3 賞味

チェック 「賞」の下の部分は「貝」、「覚」の下の部分は「見」。注意しよう。

プラスアルファ 〔部首が「貝」の漢字〕貝・負・財・貨・責・貧・賀・貴・貸・貯・買・費・貿・資・賃・賛・質・賞 〔部首が「見」の漢字〕見・規・視・覚・親・覧・観

14 問題 1 混雑 2 往路 3 混同

チェック 「混」の右の部分は「昆」、「路」のへんの部分は「足」。注意しよう。

15 問題 1 預 2 義務 3 預金

チェック 「預」の左の部分は「予」、「務」の左の部分は「矛」。注意しよう。

16 問題 1 演奏会 2 養蚕 3 合奏

チェック 「奏」と「蚕」の上の部分をしっかり書き分けよう。

5 まちがえやすい送りがな

練習問題 （⇩P.38〜39）

1 問題 1 損なう 2 見損なった 3 補う 4 補おう

✓チェック 「損なう」―「損ねる」のように、対になる漢字がないか考えよう。

2 問題 1 幼い 2 幼かった 3 危ない 4 危なかった

3 問題 1 費やす 2 費やし 3 耕す 4 耕さ

✓チェック 「費やす」の送りがなは「費える」にそろえて送ります。

4 問題 1 断る 2 断っ 3 承る

5 問題 1 温まる 2 温め 3 謝る 4 謝ら

✓チェック 「温まる」の送りがなは「温める」にそろえて送ります。

6 問題 1 明るい 2 明るけれ 3 快く 4 快い

7 問題 1 新しい 2 新しく 3 勇ましい 4 勇ましかっ

✓チェック 「勇ましい」は「勇む」ということばをふくんでいます。

8 問題 1 務める 2 務まら 3 確かめ 4 確かめ

✓チェック 「確かめる」は、「確かだ」ということばをふくんでいます。

仕上げの問題 ① （⇩P.40〜41）

1 1 省く 2 最も 3 借りる 4 失う 5 短い 6 教わる 7 戦う 8 祝う 9 必ず 10 固まる 11 生まれる 12 恥ずかしい

✓チェック 11 12 の送りがなはそれぞれ「生む」「恥じる」にそろえて送ります。

2 1 断る 2 ◯ 3 ◯ 4 導く 5 逆らう 6 厳しい 7 帯びる 8 ◯ 9 試みる 10 幼い 11 ◯ 12 費やす

✓チェック まず、正しい訓読みが思いうかびましたか。この機会に覚えましょう。
1 ことわる 2 かえりみる 3 まじる 4 みちびく 5 さからう 6 きびしい 7 おびる 8 すこやかだ 9 こころみる 10 おさない 11 いさぎよい 12 ついやす

3 1 意(外) 2 (所)要 3 (異)議 4 器(械) 5 (衛)星 6 (追)求 7 感(心) 8 測(る)

✓チェック 同音異義語の問題は前後のことばと文脈に注意しよう。

4 1 ① 減少 ② 現象 2 ア 納 イ 治 3 ① 解放 ② 開放 4 ア 勤 イ 努 5 ① 機関 ② 期間 6 ア 映 イ 写 7 ① 収集 ② 収拾 8 ア 温 イ 暖

5 1 イ 2 ウ 3 ウ 4 ウ 5 イ

✓チェック 1 のイ「異動」は職場での地位や仕事が変わる場合に使います。

仕上げの問題②

(⇩P.42～43)

1 ウ

✓チェック ア「費す」イ「承わる」エ「向う」が誤り。正しくは「費やす」「承る」「向かう(向こう)」。

2 1 務　2 臨　3 採　4 供　5 治

＋プラスアルファ 3「とる」には「取る」「(海で貝を)採る」「(ネズミを)捕る」「(筆を)執る」「(写真を)撮る」などの漢字があてられます。

3 1 ① 覚える　② 覚める　2 ① 治まる　② 治る

3 ① 生まれ　② 生え　4 ① 歩か　② 歩み

5 ① 明かす　③ 明らか

✓チェック 複数の訓読みがある漢字は文の内容に合うように読み分けます。

4 1 群生・群がる(群れる)　2 報告・告げる

3 補欠・補う　4 専用・用いる　5 寒暖・寒い

6 計量・量る

5 1 沿って　2 浴びる　3 専門　4 博士　5 難問

6 看護　7 拝む　8 承る　9 蒸発　10 救急

11 定期券　12 優勝　13 白衣　14 展示　15 配達

✓チェック 細部をまちがえやすい、まぎらわしい漢字は、手に覚えこませるつもりで、くり返し書いて練習しよう。

入試問題にチャレンジ

(⇩P.44～47)

1 1 (専)門(家)　2 開(放)　3 備(えて)

2 1 オ　2 ア　3 エ

✓チェック「絶大」は、人気、信頼、効果などが大きいこと、「遠大」は計画や考えが未来を見通して規模が大きいこと。「広大」は土地の面積が大きいこと。

3 1 ア　2 イ　3 エ

✓チェック 1 イ 平行　ウ 閉校　エ 閉口　2 ア 気象　ウ 気性　エ 起床

3 ア 厚生　イ 後世　ウ 校正

4 1 厳重　エ(厳密)　2 衛生　ア(自衛)

3 研究　エ(究明)　4 深刻　エ(水深)

5 家宝　イ(宝物)

✓チェック 1 ア 限界　イ 現状　ウ 源流　2 イ 営業　ウ 永久　エ 英国

3 ア 旧友　イ 呼吸　ウ 急行　4 ア 信用　イ 森林　ウ 自信

5 ア 方位　ウ 豊作　エ 訪問

5 1 オ(大半)　2 ウ(確保)　3 オ(供給)　4 エ(通告)

✓チェック 1 ア 太古　イ 太平洋　ウ 太陽　エ 丸太　2 ア 補給　イ 補強

エ 立候補　オ 補欠　3 ア 共感　イ 共有　ウ 公共　エ 共存

4 ア 痛感　イ 痛快　ウ 痛切　オ 痛烈

6 1 行　2 番　3 発　4 作　5 納　6 口　7 題

8 意　9 復　10 権

1 動きを表すことば—動詞

練習問題 (⇩P.50〜51)

1 準備練習 1 ①笑った ②笑っている ③笑わされる ④笑わす ⑤笑わさせる ⑥笑ってあげる ⑦笑ってもらう ⑧笑ってくれる ⑨笑える ⑩笑ってみる

2 ①呼んだ ②呼んでいる ③× ④× ⑤× ⑥呼んであげる ⑦呼んでもらう ⑧呼んでくれる ⑨呼べる ⑩呼んでみる

✓チェック 「起きる」—「起こす」の関係をあてはめると、「笑う」は「笑わす」がありますが、「呼ぶ」には対になることばがありません。したがって、「起こす」を使っている③・④・⑤には直せません。

＋プラスアルファ ⑨は形の上では、「笑われる」「呼ばれる」に直すことができます。ただし、「〜することができる」という意味で用いられることは非常に少ないと考え、可能を表す一語の動詞の形「笑える」「呼べる」を正解としました。

また、「笑う」に「せる」が付いた「笑わせる」も、一語のことばと見なすことができ、③「笑わせられる」④「笑わせる」も正解とします。「呼ばせる」は、まだ一語のことばとはみとめられません。

問題 1 割る 2 閉める

2 1 書ける 2 話せる 3 読める 4 走れる 5 歌える

＋プラスアルファ 「〜することができる」という意味を持つ一語の動詞が作れるのは、五段活用の動詞からだけです。「見れる」「食べれる」「出れる」などのいわゆる「ら抜き言葉」は、本来まちがいなので、作文などの書きことばでは用いてはいけません。

3 1 起こす 2 消す 3 育てる 4 変える 5 開く 6 落とす 7 飛ばす 8 終える 9 届ける 10 残す

✓チェック 「他からの力による動きや働き」の意味をふくむ動詞の特徴は、「切手を集める」のように「〜を」ということばを受けることができることです。「〜を」ということばを思い浮かべて、これに続けて自然な形を考えよう。5「開く」は「窓が開く」「窓を開く」どちらでも使えることばです。

4 1 いる 2 みる 3 くる

✓チェック 他の動詞の意味を補う動詞(補助動詞)はかなで書くのが一般的です。

5 1 くれた 2 もらった 3 もらう

6 1 流れ 2 話 3 遊び

✓チェック 動詞を名詞にします。2は名詞で用いるときには「し」を送らずに「話」と書くのが一般的です。

2 ようすを表すことば―形容詞・形容動詞

練習問題

（⇨P.54〜55）

1 準備練習　［すばやい］ 1 ウ　2 エ　3 イ　4 カ
［きらいだ］ 1 エ　2 ア　3 キ　4 オ

問題　1 美しかろ　2 美しかっ　3 美しく
4 美しい　5 美しい　6 美しけれ

✔チェック　1 ふだんのことばづかいでは、「美しかろう」とは言わず、「美しいだろう」と言うのに、と思う人もいるかもしれません。しかし、「美しいだろう」は「美しい」に「だろう」がついたもので、「活用させた」とはいえません。「活用させなさい」という問題では、別のことばをくっつけないように注意しよう。

問題　1 静かだろ　2 静かだっ　3 静かで
4 静かに　5 静かだ　6 静かな
7 静かなら

2 1 イ　オ　2 ア　ウ　エ

✔チェック　形を「弱かろう」「弱かった」「弱くなる」……と変えられるかどうかで、判断しよう。

3 1 ア　イ　エ　2 ウ　オ

✔チェック　形を「いやだろう」「いやだった」「いやになる」「いやな人」……と変えられるかどうかで、判断しよう。名詞に「だ」がついた形とまぎらわしいが、「〜な人(とき・もの)」が重要で、「病気な人」「今な人」と言えないことから、ウ・オは形容動詞ではないとわかります。「あんな」は、活用する部分をとって「あんな人」となるが、形容動詞とみなされていません。

4 1 悲しさ・悲しみ　2 楽しさ・楽しみ
3 明るさ・明るみ　4 暗さ・×　5 苦さ・苦み

5 1 きれいだ　2 ない　3 よい　4 こんなだ
5 いやだ　ない

＋プラスアルファ　「いやではない」「美しくない」の「ない」は打ち消す意味を補っているだけですが、一語の形容詞です。「補助形容詞」といわれます。

3 ことばの働きを助けることば① ― 助動詞

練習問題 (⇩P.58〜59)

1 準備練習 1 走らない 2 走った 3 走るらしい 4 走らせる 5 走ります

問題 ① 走った ② 走るらしい ③ 走らせる ④ 走らない ⑤ 走ります

✓チェック 助動詞にはそれぞれ意味があります。文の内容にあてはまるものを考えよう。

2 準備練習 1 食べられる 2 笑われる 3 見られる 4 招待される

＋プラスアルファ 五段活用、サ行変格活用の動詞には「れる」が、上一段活用、下一段活用、カ行変格活用の動詞には「られる」がつきます。

問題 1 ウ 2 エ 3 イ 4 ア

3 準備練習 1 ク 2 カ 3 ア 4 オ 5 コ 6 イ 7 ウ 8 エ 9 キ 10 ケ

問題 1 カ・コ 2 イ・ク 3 ウ・ケ 4 キ・ク 5 ア・コ

✓チェック 記号の順番が逆でも正解です。ふくまれている助動詞を見てみよう。

1「食べる」＋「ます」(ていねい)＋「う」(勧誘)
2「読む」＋「せる」(使役)＋「そうだ」(伝聞)
3「食べる」＋「たい」(希望)＋「そうだ」(様態)
4「入る」＋「せる」(使役)＋「まい」(打ち消しの意志)
5「いける」＋「ます」(ていねい)＋「ん(ぬ)」(打ち消し)
2 3にある「そうだ」は意味がちがいます。注意しよう。5の「ん」は「ぬ」の形が変わったもので、意味は同じく打ち消しです。

4 主語と述語

練習問題 (⇩P.62〜63)

1 中学生がけったボールが散歩をしているおばあさんにぶつかった。おばあさんがころんだのを見たラジオ体操をしていたおじさんがかけより、おばあさんをだきおこすと、ぼくに中学生を呼びに行かせた

✓チェック 主語が変わるところで分けるのが自然です。一文めの主語は「ボールが」、述語は「ぶつかった」、二文めの主語は「おじさんが」、述語が「行かせた」です。

2 1 ぼくは 2 雪が 3 母が 4 夏は

✓チェック 「ぼくは―知らない」「雪が―降っている」「母が―わたした」「夏は―暑くなりそうだ」のように、きちんとつながるか、確かめよう。

3 イ オ

✓チェック 4は語の順番が入れかわっているが、「ジュースはおいしい」と、「何が(は)―どんなだ」の主語・述語の関係になっています。

4 1 イ 2 ウ 3 ア 4 ア 5 イ 6 ウ 7 イ

＋プラスアルファ 述語の「どうする」は動詞、「どんなだ」は形容詞・形容動詞、「何だ」は名詞＋「だ」で表すのが一般的です。

5
1 主語 妹は 述語 上手だ
2 主語 水が 述語 流れる
3 主語 成績は 述語 すごいなあ
4 主語 百円しか 述語 ない

5 主語 雨が　述語 降ってきた
6 主語 ×　述語 勉強している
7 主語 ×　述語 すごした
8 主語 朝顔が　述語 開いた
9 主語 天気は　述語 晴れだそうだ
10 主語 ぼくも　述語 わかっているよ

✓チェック 6 7 は「勉強している」のは「だれ(何)」か、「すごした」のは「だれ(何)」か、考えてみよう。いずれも「私」で、言わなくてもわかるので、省略されています。

---

5 文と文のつながり ① ―重文・接続詞

練習問題 (⇩P.66〜67)

1 ウ

✓チェック「おばあさんがころんだ」を受けて、「おじさんがかけよ」ったのはごく自然な結果で、順接の接続詞があてはまります。

2
1 [例](しかし、夏の終わりから)晴れて暑い日が続いた。
2 [例](しかも、夏の終わりから)台風が相次いで上陸した。

✓チェック「しかし」は逆接の接続詞なので、前とは対立する内容が後ろに入ります。「しかも」は添加の接続詞なので、前と似た内容がつけ加えられます。

3
1 風がふいて、雨が降る。
2 さわやかな風がふいて、波の音が聞こえる。

✓チェック できあがった文は重文です。

4
1 寒さがやわらぎ、春が近づいてきた。
2 テストの成績が良く、弟は得意顔だ。

✓チェック できあがった文は重文です。

5
1 すると　2 たとえば　3 しかし　4 しかも
5 だから　6 それとも　7 それから

6
1 しかし　2 そこで　3 そのうえ　4 たとえば
5 さて

6 文と文のつながり②—複文・修飾語

練習問題 （⇨P.70〜71）

1 準備練習

1 1 主語 犬は　述語 かわいい

2 主語 本は　述語 おもしろい

3 主語 友だちは　述語 やってきた

主語を修飾する部分

1 一郎くんが飼っている　2 母が買ってきた

3 ×

✓チェック 修飾するとは、ある語に結びついて、その語をよりくわしく、限定することです。主語に対してそのような働きをしている語を探します。

問題

1 ぼくはがんばって勉強したが、先生が返してくれたテストの結果は悪かった。

2 帰りがおそい父は毎日、ぼくの宿題を見てくれている。

3 中学生がサッカーが禁止されている公園でサッカーをしている。

✓チェック ①と②に共通して出てくる語を見つけ、①の文のその語を修飾する形にします。

2 1 屋根(の)　2 木(に)　3 のびる　4 大きな

5 やってきた

✓チェック 結びついて、よりくわしくしているのはどの語か探します。

3 1 とつぜん　かんかんに　2 野山じゅうに　いっぱい

3 岩の　ぶ厚い

✓チェック 1 2 は、主語の「姉が」「花が」をふくめないように注意しよう。

---

7 ことばの働きを助けることば②—助詞

練習問題 （⇨P.74〜75）

1 1 イ　2 イ　3 ア　4 ウ

✓チェック 各選択肢の意味を見てみよう。

1 ア 原因・理由　イ 場所　ウ 期間

2 ア 移動する場所　イ 動作の対象　ウ 移動の起点

3 ア「こと」「もの」のかわり　イ 主語であることを示す

ウ 名詞を修飾することを示す

4 ア だいたいの数量　イ だいたいの数量　ウ 程度の低いこと

2 1 は　2 から　3 の　4 が　5 ね　6 と

7 に　8 も　9 なあ　10 て

3 1 ア　2 ア　3 イ　4 イ　5 ア　6 ア

＋プラスアルファ「副助詞」は話し手や書き手の細かな気持ちをつけ加える働きがあり、はっきりと意味を指摘しにくいところがあります。——線部だけを見るのではなく、文全体を見て、どんな気持ちがつけ加えられているか、考えよう。

4 1 ウ　2 ア　3 ウ　4 ウ

✓チェック 各選択肢の意味・働きを見てみよう。

1 ア 動作が終わってまもない　イ だいたいの数量

ウ それと限定する

2 ア「そのとき・その場所で」　イ 共同の相手

ウ 動作の相手

3 ア 名詞を修飾することを示す　イ 主語であることをしめす

ウ「こと」「もの」のかわり

4 ア 疑問の終助詞　イ「わずかだ」で一語　ウ 不確かなこと

練習問題 8 ほかのことばを飾ることば―副詞・連体詞

（⇩P.78〜79）

1 準備練習 ① 副詞 ② 連体詞

問題 1 少し かなり ゆっくりと にっこりと ほっと

2 その

✓チェック 副詞は用言（動詞・形容詞・形容動詞）を、連体詞は体言（名詞）を修飾します。副詞も連体詞も活用しません。「急に」「やさしい」などを入れないように注意しよう。

2 〔状態の副詞のグループ〕ア エ オ

〔程度の副詞のグループ〕イ ウ カ

✓チェック 状態の副詞は、どのように「足をのせたか」「学校に行くのか」「立場を変えるのか」をくわしくしています。程度の副詞は、どのくらい「苦しいのか」「大きいのか」「かわいいのか」をくわしくしています。

3 準備練習 1 あるまい 2 出てきた 3 きれいな 4 休みだったら

問題 1 まい 2 とも ない／まい 3 だろう 4 ない

✓チェック 呼応の副詞は、結びつく相手のことばが打ち消しや、仮定、推量など一定の形になります。「まさか」は打ち消しの推量（〜しないだろう）、「たとえ」は仮定（〜ても）、「けっして」は打ち消しや打ち消しの意志、「おそらく」は推量、「とても」は打ち消しの形にしなければなりません。

4 1 近づくな 2 降るだろう 3 来てください 4 賛成ではない 5 プリンのような

✓チェック ――線は呼応の副詞で、――線の結びつくことばは決まった形になります。「けっして」は禁止（「〜な」）、「たぶん」は推量（「〜だろう」）、「どうぞ」はお願い（「〜してください」）、かならずしもは打ち消し（「〜ない」）、「まるで」は様態・比喩（「〜のような・〜みたいな」）の形に直します。

5 1 大きい 2 ○ 3 とんできた 4 あんな 5 ○

✓チェック 連体詞は活用しません。――線部のことばが活用するかどうか調べてみよう。「大きい」は形容詞、「とんできた」は一語のことばではありません。「あんな」は形容動詞です。

＋プラスアルファ 連体詞はあまり多くありません。おもなものをおぼえてしまうと、他のことばとの識別に非常に役立ちます。［〜な］は形容動詞と、［〜た］［〜る］は動詞とまちがえないようにしよう。

［こそあどことば］ この その あの どの
［〜な］ 大きな 小さな おかしな いろんな
［〜た］ たいした とんだ
［〜る］ ある（「ある日」） あらゆる いわゆる いかなる 来る（「来る八月一日」）
［〜が］ わが（「わが校」）

9 相手をうやまうことば―尊敬語・謙譲語①

練習問題 （⇨P.84〜85）

1 準備練習 [1] 相手 [2] 高めることば
[3] 自分や自分側の人 [4] 低めることば

問題 [1] 尊敬語 [2] 謙譲語 [3] 謙譲語

✓チェック 「見た」人がだれか注意しよう。[1]は「校長先生」を高めることばを使います。[2][3]は「ぼく」「ぼくの父」を低めることばを用いて、「校長先生」をうやまう気持ちを表します。

2 準備練習 [1] 参る [2] いる [3] する [4] おっしゃる
[5] 見る [6] 食べる・飲む [7] うかがう
[8] たずねる [9] くださる [10] もらう

問題 [1] くださった [2] ごらんになって
[3] めしあがり [4] いらっしゃい
[5] いらっしゃい [6] うかがい

✓チェック ここに出てきたことばは、この機会に覚えてしまおう。

3 [1] ごあいさつくださる [2] 行かれる
[3] ご質問なさる [4] お帰りになる

4 [1] 話 体 顔 手 声 手紙 電話 考え 車
となり むかい
[2] 意見 質問 [3] 頭 指 電車 飛行機

＋プラスアルファ 敬語の使い分けは、ふだんのことばづかいから気をつけて、何よりもなれることが重要です。

10 相手をうやまうことば―尊敬語・謙譲語②

練習問題 （⇨P.86〜87）

1 準備練習 [1] ア オ
[2] イ ウ エ

問題 [1] いただき [2] さしあげ
[3] 参ります／うかがう [4] 拝見する

＋プラスアルファ [3]は「参る」が答えになりそうですが、「参る」は「参ります」の形で使われることが多く、「参る。」と言い切ることは不自然です。「行く」を「たずねる」の意味にとっても正解です。

2 準備練習 [1] ① いらっしゃる ② 参る
[2] ① なさる／される ② いたし
[3] ① めしあがる ② いただく
[4] ① おっしゃる ② 申す／申し上げる

問題 [1] 申して [2] うかがう／参る
[3] いらっしゃった [4] いただき
[5] お聞きになって [6] ご案内し

✓チェック 「きく」は一語の尊敬語がないので、「お〜になる」という形にします。

3 [1] ご説明します [2] お呼びした [3] ご用意します
[4] お持ちする

✓チェック 一般に、「呼ぶ」「聞く」「持つ」などの和語は「お〜する」に、「説明」「用意」などの漢語は「ご〜する」になります。

4 [1] まいり [2] いらっしゃい [3] うかがい [4] もうし

仕上げの問題①（⇩P.88〜89）

1 ①ア エ　②ウ カ　③イ オ

2 ①若者が　②いました　③直す　④社員で　⑤複文

チェック 「一郎の父が経営する工場に」は、述語「いました」を修飾しています。この中に「父が経営する」という主語・述語の関係の語があります。

3 ①ところ　②とき　③こと　④もの　⑤はず

プラスアルファ このように、具体的な意味を持たず、修飾している部分を名詞にするための語を形式名詞といいます。

4
①①あそこに　②見えるのが　③住んでいる
②①来週の　②日曜日に　③運動会が
③①名前を　②いる　③学校の

チェック つながり合っている語が主語・述語の関係なのか、修飾・被修飾の関係なのか、考えよう。

仕上げの問題②（⇩P.90〜91）

1 ①エ　②コ　③イ　④キ　⑤カ　⑥オ　⑦ケ　⑧ク

チェック 助詞や助動詞、動詞の活用形など、その意味をもたせている語がどれか、見つけてみよう。

2 ①転校するそうだ　②やめろ　③なりたい　④ばくだ　⑤しよう　⑥作っている　⑦快晴だろう　⑧走るな

3
①①ウ　②エ　③イ　④ア
②①イ　②ウ　③ア
③①イ　②ウ　③ア
④①イ　②ウ　③ア
⑤①イ　②ウ　③ア
⑥①イ　②ア　③ウ
⑦①イ　②ア　③エ　④ウ

チェック 助詞や助動詞の意味をすべておぼえる必要はありません。問われている文の中での意味を正しく読み取れることを目指そう。

入試問題にチャレンジ

（⇨P.92～95）

1 ①イ　②エ　③オ　④カ

✓チェック　つなげてみて意味が通るものを探そう。

2 ①イ　②ア　③ア　④イ　⑤ア

✓チェック　アは「～のに」という逆接の意味。イは「～するのといっしょに」という同時の意味です。

3 ①イ　②ウ　③エ　④イ

✓チェック　①は、ア・ウ・エが①「それ自身の動き」と②「他からの力による動き」との対になる動詞であるのに対し、イはそのような対になる語ではありません。②は、①に対して、②には「～することができる」という可能の意味がつけ加わっています。このような変化は五段活用の動詞でしかみとめられず、上一段活用のウ「着れる」は文法的に誤りです。③のア・イ・ウは、②が①の命令形になっているという関係です。エは①の動詞のもとになった形容詞が②という関係で、②は命令形ではありません。④は、ア・ウ・エが①の動詞の連用形で、②が名詞になっているという関係です。イは形容詞の形の変わらない部分に「み」をつけて②の名詞にしています。

4 ①エ　②ア　③カ　④オ　⑤ウ

✓チェック　①は主語と述語の関係、②は同じような内容が対等に並んでいる関係、③は程度の副詞が形容詞・形容動詞を修飾している関係、④は形容詞・形容動詞が名詞を修飾している関係、⑤は、動詞に意味をつけ加える補助的な動詞がついている関係です。

5 ①ア　②オ　③ウ　④エ　⑤イ

✓チェック　①は形容詞、②は副詞、③は形容動詞、④は助詞、⑤は連体詞を選びます。

6 ①①いらっしゃい　②おり
②①おっしゃっ　②もうしあげ
③①めしあがっ　②いただき

✓チェック　まよったら、だれが動作をするのか考えよう。うやまう相手なら尊敬語を、自分か自分側の人なら謙譲語を用います。

7 ①ウ　②イ　③ア

＋プラスアルファ　正しく自然な敬語の表現を選ぼう。①のエは敬語の使いすぎ、②のアは「ら抜き言葉」、ウ、エは自分の動作に尊敬語の「召しあがる」を使っています。③のイは、「さ」がよけい。「帰る」に助動詞「せる」がついた「帰らせて」なら適切な表現となります。

8 ①ウ　②オ　③エ　④ア　⑤イ

✓チェック　選択肢の問いかけから考えると解きやすいでしょう。
ア　(彼と)君も勝ったの？→ぼくも勝ちました。
イ　(五人のうちの)だれが勝ったの？→ぼくが勝ちました。
ウ　だれ(のところ)で勝ったの？→ぼくで勝ちました。
エ　君は勝ったの？→ぼくは勝ちました。
オ　代わりの選手が負けたそうだけど？→ぼくなら勝ちました。

9 ①①おたずね／お聞き　②ご覧になりましたか
③おっしゃる　④お伝え　⑤お知らせする

✓チェック　③は、「申す」にへりくだる意味がなく、聞き手の花子さんへのていねいな気持ちを表しており、「れる」で「お医者さま」への尊敬の気持ちを表すものとしてみとめられる場合もあります。